Petit bréviaire du parfait féministe

Coordination éditoriale : Anne-Charlotte Sangam
Conception graphique : Studio Autrement

JEAN JOSEPH-RENAUD

Petit bréviaire du parfait féministe

Ou comment répondre
une bonne fois pour toutes
aux arguments misogynes

Publié pour la première fois en France en 1910

Illustré par Pénélope Bagieu

Éditions **Autrement**

« La justice ne se scinde pas : c'est pour l'humanité entière
– unité vivante sous l'apparente dualité sexuelle
comme dans la variété des races et la diversité merveilleuse
sans cesse renouvelée des individus – qu'il faut la vouloir. »

Léopold Lacour

À Madame Marguerite Durand

dont le dévouement, le tact et l'élégance
furent si utiles à la cause féministe.

Note préliminaire de l'éditeur

Certaines tournures du texte original ont été légèrement modifiées afin de permettre une meilleure compréhension.

Avant-propos

Les savants ouvrages où le public pourrait se renseigner sur le féminisme sont parfois un peu au-dessus de sa puissance d'attention et d'étude. Sous forme de réponses aux objections qui sévissent en son esprit, cet opuscule essaie de lui offrir un résumé facilement assimilable de la doctrine.

J. J.-R.

« La place de la femme est au foyer avec son mari et ses enfants. »

En toute controverse féministe, cette objection surgit la première, d'ordinaire sous une forme comique : « Alors qui donc raccommodera les chaussettes ?… Et décrassera les enfants ?… Et écumera le pot-au-feu ?… »
La dame qui interpelle ainsi est presque toujours une bourgeoise élégante et jamais elle n'a ravaudé de chaussettes, soigné ses enfants (si elle en a !), ou surveillé le pot-au-feu ! Mais pour elle, et pour combien d'autres encore, le féminisme c'est l'épouse exerçant au dehors et en costume viril quelque métier spécialement masculin, tandis que le mari, affublé d'une jupe, d'un corsage, d'un bonnet, fait le ménage !
Or, les féministes souhaitent au contraire que toutes les femmes dont c'est le désir vivent tranquilles, heureuses, en un confortable « *home* », avec un mari parfait et des enfants exquis !

Mais ce bonheur ne peut être général ; les statistiques montrent que la majorité des femmes (exactement : 60 %) se compose de veuves ou de célibataires *absolument contraintes* d'exercer, pour vivre, une profession libérale ou manuelle !
Si la femme a pour destin officiel les fonctions de l'amour, si la loi et les mœurs la veulent entretenue[1], légalement ou non, par l'homme, ou en tout cas, s'en tenant aux besognes du ménage, en fait, elle travaille d'une façon terrible et au dehors de chez elle. Ateliers, usines, boutiques, marchés, etc. l'attestent, dans le monde entier !
Selon les solennels ignorants qui clament « la femme au foyer ! », nos millions de travailleuses devraient donc rentrer au logis. Mais où trouveraient-elles du pain ? Sur le trottoir…

« Pourtant, les réformes améliorant le sort de l'homme permettent à toute femme de rester chez elle ! »

Quelles réformes ? On ne les formule pas, ou bien elles appartiennent à la société *future* ! D'autre part il y a, en France, plus de femmes que d'hommes. Chacune ne peut avoir un mari. Les veuves, les célibataires, les divorcées, les *disgraciées* qu'on n'épouse pas, que deviendraient-elles ?

Pour trois travailleurs il y a deux travailleuses. Comment supprimer ces deux cinquièmes de nos forces laborieuses ?
Le travail est pour l'immense majorité des femmes *une absolue nécessité économique* – sans compter l'indépendance et la dignité qu'elles y trouvent.

« Mais que fait donc pour elles le féminisme ? »

Il les groupe, prend en main leurs intérêts, leur fait ouvrir une à une les professions lucratives que l'égoïsme et les préjugés leur ferment, les défend contre les exploiteurs qui paient un *même* travail beaucoup moins s'il est féminin que s'il est masculin, combat pour que disparaissent les injustices de tout genre qui les écrasent, veille à l'hygiène des locaux de labeur, institue des ateliers coopératifs, des cours professionnels, des caisses de solidarité, réclame pour les femmes ce bulletin de vote qui *seul* décidera, *contraindra*, législateurs et gouvernants à s'occuper d'elles. Il leur fait encore sentir la puissance d'une instruction intégrale. À tous égards, il les éclaire, conseille, fortifie, aide, et leur donne conscience non plus seulement de leurs devoirs, mais aussi de leurs droits.
En ce moment, presque partout, pour un travail absolument semblable, la femme reçoit de *un cinquième à moitié moins* que l'homme. Même les

grandes administrations, même l'État, pratiquent paisiblement ce scandaleux abus. Avec des exemples précis de cette exploitation du travail féminin, j'emplirai cet opuscule – et de gros volumes ! Ils sont innombrables les employeurs du genre de celui-ci : « Un imprimeur de Sceaux, M. Charaire, a déclaré être plus satisfait du travail des femmes typographes que de celui des hommes dans ses ateliers et cependant il paie les femmes moitié moins cher[2]. »
Une institutrice, quelle que soit sa valeur, quels que soient son dévouement et ses diplômes, est moins rémunérée qu'un instituteur, pour exactement la même besogne. Telle est la règle – adoptée, j'y insiste, aussi bien par l'État que par le patronat privé. Et il en est ainsi dans l'Europe entière :

> *« Les journaux russes ont relaté dernièrement un fait très caractéristique. Une jeune fille déguisée en homme avait travaillé plusieurs années dans une fabrique. Quand on découvrit son travestissement, on lui demanda pour quelle raison elle l'avait pris. « C'est très simple, répondit-elle, si j'étais venue en jupe, on m'aurait donné au maximum 30 kopecks (80 centimes) par jour. Habillée en homme, je gagne un rouble (2,66 F). Je suis pauvre et seule ; cette différence est une fortune pour moi[3]. »*

Les ardents efforts du féminisme combattent-ils à tort cette immense et générale injustice ?
Résumons : le travail est obligatoire pour la grande majorité des femmes. Et non seulement pour les célibataires, veuves, divorcées, mais aussi pour celles qui, mariées, doivent, leur époux ne gagnant pas assez ou étant malade, subvenir partiellement ou totalement aux charges du ménage. Si elles ne travaillent pas, les voici contraintes à la prostitution – légale : le « mariage quand même », ou illégale : celle de la rue. Voilà pourquoi, au lieu de rabâcher de poétiques lieux communs sur la « femme au foyer », nous tâchons que, dans son labeur, elle soit traitée avec justice.
Le travail dûment organisé, accessible en toutes ses formes, aura d'ailleurs pour la femme les plus heureux résultats : libération matérielle, dignité de ne dépendre que d'elle-même, moins de courtisanes, sort des enfants davantage assuré, régénération du mariage, etc.

« Mais alors seule la femme du peuple doit travailler. »

Il ne s'agit pas que de « l'humble travailleuse ». La jeune bourgeoise peu fortunée est de plus en plus contrainte aussi d'exercer une profession qui lui servira de dot, qui lui permettra *d'attendre d'aimer pour épouser*, alors qu'oisive, elle doit souvent accepter sans amour – prostitution légale ! – le mari fortuné qui veut bien d'elle... Ah ! les pauvres petites « oies blanches » que des parents routiniers élevèrent selon le vieil idéal. Il en est encore ! Elles acceptent n'importe quel mariage avec enthousiasme ; leur terreur est de ne pas passer ou de passer tardivement ce « baccalauréat des jeunes filles » qu'Émile Zola, avec tant d'esprit et d'exactitude, décrivit aux premiers chapitres de *Pot-Bouille*. Qui n'a connu Mme Josserand, furieusement en quête d'un gendre, et promenant de soirée en soirée, pendant de longs hivers, ses deux filles ?... Elles sont grotesques, à coup sûr, ces féroces mères de demoiselles à marier ; l'idée fixe de « caser » quand même leurs filles devient facilement une manie exaspérante ; leur ridicule fournirait aux vaudevillistes des scènes inénarrables, et ceux-ci négligent trop comme élément comique les belles-mères d'*avant* l'hyménée. Mais le sort est tragique des bourgeoises et pauvres jeunes filles forcées de se jeter en hâte, trop contentes, sans choix, sans presque le connaître, dans les bras du fiancé qui veut bien s'offrir.

Grâce à la baisse du taux de l'intérêt et à la « cherté » croissante de la vie, ce qui était jadis une grosse dot est considéré comme une misère. Mais la jeune fille exerçant une des professions libérales qui s'ouvrent de plus en plus nombreuses aux femmes y trouve l'équivalent d'une belle dot ; en tout cas la voici indépendante, à l'abri de la misère, quoi qu'il arrive – à l'abri aussi du honteux « mariage de raison » avec un fonctionnaire sans avenir et qu'elle n'aime pas, ou avec quelque homme mûr et riche qu'elle déteste ! Elle peut non seulement attendre d'aimer pour épouser, mais épouser celui qu'elle aime, même s'il est peu fortuné.

« Alors interdisons aux femmes les métiers en contradiction avec la vie de famille ! »

Ces métiers-là existent-ils[4] ? N'oublions pas que la mère la plus féconde et la plus dévouée est l'infatigable travailleuse du peuple !
Selon un cliché bien viril, la femme préfère inévitablement à tout l'existence « d'intérieur », la mise au monde et l'éducation[5] des enfants. Cela n'est vrai que pour la majorité. Quelques-unes, spécialement douées, ne peuvent pas, ne veulent pas, être des ménagères. Leur vocation est ailleurs. Certaines grandes carrières, masculines jusqu'ici, qui, sans nécessairement priver ceux ou celles qui s'y livrent des « joies de la famille », ne permettent guère la tiède vie autour de la lampe, les attirent d'une façon irrésistible. Leur droit absolu est de suivre ces car-

rières. Et notre devoir est d'obtenir de la loi ou des mœurs que, contrairement à ce qui souvent a lieu, elles s'y trouvent dans les mêmes conditions que les hommes, qu'elles puissent comme eux en obtenir tous les avantages et y briller.

Je le répète : ni pour la femme, ni pour l'homme, il n'y a de carrière formellement en contradiction avec la vie de famille.

Mais, à propos, et puisqu'on vante tant aux femmes la vie d'intérieur, revenons au poétique tableau que nous esquissions plus haut : le confortable *home*, le mari parfait, les enfants exquis ! Quel ineffable bonheur ! Tous les ménages présentent-ils cet aspect ? Bien des épouses n'ont-elles pas à s'apercevoir que le mariage est en France scandaleusement à l'avantage de l'époux – et que, si celui-ci ne dédaigne pas, ne corrige pas la loi, et qu'au contraire il s'en serve sans vergogne, le sort de la femme dans ce cher foyer peut être abominable ! La « puissance maritale » telle que le Code, avec tant de respect, l'établit, devient souvent une des formes les plus odieuses de l'injustice.

Aussi, parmi les revendications féministes, la réforme du mariage est-elle une des plus importantes. Nous l'étudierons plus loin.

« À cause du labeur féminin, les salaires masculins s'avilissent. »

Objection souvent émise, mais qui ne s'appuie même pas sur des faits importants. Jamais les travailleurs n'ont été sérieusement ni longtemps gênés par la concurrence des travailleuses. Ils craignirent de l'être, et crièrent d'avance. Le travail ne manquera jamais à tous et à toutes.
Çà et là, rien que temporairement, et en une ou deux entreprises spécialement mixtes, il arriva que des salaires masculins baissèrent. Cela tenait à ce qu'accablées de misère, repoussées et violemment combattues par les syndicats d'hommes, des ouvrières durent bien accepter, pour le même labeur que les ouvriers, une rémunération moindre.

> *« Ce qui pourrait avilir le salaire de l'homme, c'est la concurrence du salaire anormal de la femme. Le tort que la concurrence de la femme risque en certains cas, d'ailleurs rares, de causer à l'homme, condamne non pas le travail de la femme, mais l'exploitation de la femme*[6]. »

Les féministes, ne l'oublions pas, réclament – et de l'État d'abord – l'application de ce principe : « *À labeur égal, salaire égal !* »

« Pour éviter toute concurrence, les métiers masculins devraient être interdits aux femmes. »

L'objection à l'activité féminine comporte deux degrés : la femme doit : 1/ ou ne pas travailler ; 2/ ou s'en tenir aux métiers que l'homme lui a laissés.

Mais, 1/

> *« Le droit des femmes de travailler est sacré comme le droit des hommes. Prétendre éviter une concurrence en lui déniant simplement le droit d'être marque un cynisme incroyable. C'est inventer, pour en charger les femmes, un crime de lèse-majesté masculine. L'homme dit : à défaut de privilège individuel, je veux un privilège sexuel. Je me contenterai d'un monopole pour mes pareils et pour moi. Escamoter la moitié des concurrents est une opération trop ingénieuse pour ne pas devenir naïve*[7]. »

2/ L'homme a pris tous les métiers rémunérateurs, même ceux qui, par leur délicatesse, semblaient convenir spécialement à la femme[8], et il ne lui a laissé, de bon gré, que ceux où le salaire n'est pas digne de l'effort petit ou grand ; et nous la voyons

POUR ÉVITER TOUTE CONCURRENCE, LES MÉTIERS MASCULINS DEVRAIENT ÊTRE INTERDITS AUX FEMMES.

tantôt penchée jour et nuit sur sa couture, tantôt se livrant à des travaux : manuels de bête de somme, mais toujours pour un salaire infime. Les « métiers féminins » où on prétend la parquer sont simplement ceux qui ne permettent pas de vivre.

Remarquons aussi que les ouvroirs, prisons, asiles, etc. font au labeur féminin ordinaire le plus terrible tort. Sous prétexte de charité, et pour tout juste la nourriture et le logement, on fait accomplir, à des enfants souvent, grâce au surmenage et à la « spécialisation[9] », des travaux qui, jetés presque à vil prix sur le marché, concurrencent la production des ouvrières régulières qui, elles, ne sont pas subventionnées par la charité publique. Rappelez-vous les scandales du Bon Pasteur[10] !

La femme a le droit et au travail et au choix de la profession.

« Quand la femme aura son indépendance économique, elle ne voudra plus se marier. »

Alors, selon vous, le mariage est si désagréable pour la femme, qu'elle s'y soustraira dès que, grâce à son labeur justement rémunéré, il ne sera plus obligatoire pour elle ?... Cette crainte, qui constitue un aveu éloquent, est sans raison.

D'abord, l'éternel amour ne cessera pas d'inciter les jeunes filles à l'hyménée !
Elles préféreront l'union libre ? Non, puisqu'elles ne la préfèrent pas aujourd'hui à l'union légale, qui pourtant les traite en mineures, en incapables, qui les infériorise abominablement ! Non, car la femme aime avant tout la sécurité de son foyer.
Leur indépendance économique s'accompagnant forcément de leur émancipation civile, elles entreront dans le mariage d'autant plus volontiers qu'elles y auront les mêmes droits que l'époux ; mais elles mettront dans le choix du mari, moins de hâte, davantage de réflexion ; elles pourront bien plus facilement qu'aujourd'hui, leur salaire équivalant à une dot, épouser l'homme aimé.

« Le féminisme masculinise la femme. »

De nobles idées féministes viennent d'être éloquemment émises ; la salle apparaît impressionnée. Mais un monsieur se lève, d'ordinaire ventripotent, barbu, enthousiaste, et il clame, avec des gestes inspirés, que la femme, cet être de charme, de délicatesse, de séduction, cette splendeur éternelle, etc., etc., deviendra, grâce à la science, à la politique, à la libération, une hideuse caricature de celui dont elle repousse la douce tutelle ; il laisse entendre que par leur épouvantable aspect, les oratrices du fémi-

nisme vérifient ses paroles. Il proteste au nom de la Beauté.
Et le vieux galantin se rassoit parmi les bravos instinctifs de l'auditoire.
Ses ridicules arguments nous sont d'ailleurs encore servis dans la presse quotidienne, bien que le féminisme ayant déjà porté ses fruits, tant d'exemples vivants attestent *qu'il ne masculinise la femme* ni physiquement, ni mentalement.

« Certaines "leaders" féministes s'habillent pourtant d'une façon masculine ou avec un manque de goût inquiétant. »

Les femmes riches, belles, élégantes, appartenant à une famille bien en place, dans un milieu où le plus souvent les mœurs corrigent la loi, ne pouvaient guère, étant heureuses, se trouver à l'origine du mouvement féministe, ni même soupçonner les affreuses difficultés où se débattent celles de leurs sœurs qui, pauvres, célibataires, veuves ou abandonnées, doivent gagner leur vie ; naturellement, ces dernières ne sont d'ordinaire pas très séduisantes – sans quoi la vie leur réussirait mieux ! – et c'est parmi elles que jaillirent autrefois les « pionnières » du féminisme, celles qu'un toast de Mme Séverine[11] célébrait si précisément :

« On a prononcé le nom des anciennes, de celles qui sont venues avant nous et qui ont livré ce grand combat où nous avons certainement beaucoup moins de mérite qu'elles. Je salue ces courageuses qui ont eu la plus grande vaillance : celle de braver le ridicule ; qui, pour arriver au résultat présent, luttèrent presque seules, dans des conditions effroyables, contre la malveillance générale.
Elles ont été les pionnières de notre affranchissement ; à travers des obstacles sans nombre, elles ont frayé, meurtries, saignantes, déchirées aux ronces, le petit chemin devenu la grande route par laquelle nous passons aujourd'hui. »

Et chacune d'elles avait pour vivre une rude profession, parfois manuelle. Des enfants à élever aussi, un pauvre ménage à tenir. Le temps qu'elles consacraient à la « cause » diminuait d'autant leur sommeil. Certaines furent purement héroïques.
Pouvait-on leur demander d'être d'irrésistibles jeunes premières et de s'habiller chez Doucet ? Souvent leurs chapeaux étaient des épouvantails et leurs corsages un peu comiques – mais leurs arguments avaient-ils pour cela moins de valeur ?
Chez quelques-unes la négligence faisait place à l'excentricité voulue et regrettable. Je sais des feutres, ves-

tons et cols d'hommes, des chevelures courtes, et une allure spéciale, qui pouvaient discréditer le féminisme. C'était de la naïveté et pas autre chose. Tous les grands mouvements artistiques, sociaux et littéraires ou même sportifs eurent leur période « orphéonesque ». Rappelez-vous les gilets rouges des premiers romantiques, les barbes des républicains de 1848, les complets moyenâgeux des « esthètes » anglais, les déguisements de nos décadents, et les extravagants maillots qu'affectaient les cyclistes « de la première heure » !
En tout cas, on ne voit plus dans les assemblées féministes, et cela depuis longtemps, ces silhouettes risibles qui inspiraient légitimement la caricature[12]. Et aujourd'hui elles sont innombrables, dans la vie, les jeunes filles ou jeunes femmes extrêmement instruites, conscientes, travaillant, suivant les luttes politiques et sociales, et qui ne le cèdent en rien comme élégance et prestige physique aux « oies blanches » les mieux emplumées.
Dans le peuple, souvent, les misérables conditions où vit la femme l'empêchent de donner à sa personne physique (et mentale) les soins nécessaires, et justement le féminisme lutte avec véhémence pour améliorer ces conditions !

« Cette inquiétude ne se manifeste pas là où elle serait charitable, là où des multitudes de pauvres créatures qui eussent pu être jolies, qui promettaient de l'être,

CERTAINES "LEADERS" FÉMINISTES S'HABILLENT POURTANT AVEC UN MAUVAIS GOÛT INQUIÉTANT.

qui le furent quelques instants, sont à vingt-cinq ans déjà toutes fanées par la misère, par les métiers meurtriers, par les déceptions imméritées et fatales... Charbonnières des pays noirs, houilleuses, allumettières, casseuses de sucre, dont les cils et les dents tombent vers la vingtième année, et autres empoisonnées des industries chimiques les plus délétères, bêtes de somme à la ville ou aux champs. Oh ! devant vous l'homme a le courage de maîtriser son amour du Beau. Il le sent se réveiller, au contraire, avec la plus chevaleresque intensité, quand il s'agit de savoir si aux routes sociales supérieures, la femme instruite et fière fera concurrence au tyran.
Eh bien, que l'homme me permette de le rassurer. Loin que le travail cérébral et la liberté puissent amoindrir le charme naturel d'une jeune femme, ils ont pour résultat, comme chez l'homme, d'ajouter aux dons physiques, par la flamme de l'esprit, visible au front, au sourire, au regard et dans toute l'attitude de la personne[13]. »

... Les regrettables costumes en question appartiennent au passé – et, encore une fois, ne prouvèrent jamais que les arguments de celles qui les portaient fussent mauvais ! Mais la foule continue à « voir » les féministes ainsi vêtues et continuera encore longtemps, parce qu'elle est aveugle et sourde. De même, un personnage français ne serait pas considéré comme authentique sur une scène anglaise ou américaine s'il ne portait la barbiche qui fut à la mode sous Napoléon III !

« Sous l'influence féministe, la femme deviendra pareille à l'homme sur le plan intellectuel aussi. »

Un des grands buts du féminisme est de rendre la femme indépendante de l'homme, intellectuellement autant que civilement ! Quoique proche de ce but, maintenant, elle n'a, trop souvent encore, sur les choses éternelles ou passagères de la nature et de la vie, que l'opinion de son mari, de son amant, de son père ou que celle de sa mère, qui elle-même *reflète* une opinion masculine.
Mais, c'est la femme *d'autrefois* qui est intellectuellement une copie *volontaire et servile* de l'homme !
La femme nouvelle, au contraire, s'applique à penser par elle-même. Parfois, elle hésite, balbutie, mais n'a plus besoin pour comprendre, pour coordonner, pour juger, d'aucun intermédiaire.
Les naturelles différences mentales entre les sexes – aussi fortes que les différences physiques – se marqueront de plus en plus à mesure que l'âme féminine s'accroîtra davantage sous l'influence

bienfaisante du savoir et de l'émancipation. Un nouveau monde psychique naîtra. Les ressources immenses et jusqu'ici virtuelles, inemployées, de la pensée féminine, viendront, vives, reposées, toutes fraîches, augmenter – réserve admirable – celles un peu lasses de la pensée masculine. L'intellectualité humaine s'accroîtra incommensurablement en puissance et en variété ; même les idées communes auront deux pôles, le masculin et le féminin, les montrant sous un aspect différent, complémentaire.

M. Jean Izoulet écrivait à ce propos :

« Le génie et l'amour humains en seront doublés. Et ainsi nous marchons, à n'en pas douter, vers des formes de vie mentale et sentimentale infiniment plus complexes, plus denses, plus délicieuses, dignes des Faustus et des Stella que M. Sully-Prudhomme élance à la poursuite du bonheur.

À mesure, en effet, que, de par les mœurs régnantes, la femme est laissée plus libre de s'abandonner à son naturel, à mesure aussi que, par l'initiation à la haute culture, elle est plus admise à développer ses facultés propres longtemps engourdies, nous nous apercevons de plus en plus combien elle est autre et combien elle nous réserve de surprises et de révélations. Il y a là toute une flore psychique, aux trois quarts inconnue, flore d'ombre pendant tant de siècles, un peu languissante encore et sans couleurs, mais qui ne demande qu'à se lever et à s'épanouir, pour peu qu'elle voie et aspire le soleil. Et c'est nous qui sommes destinés à voir se ranimer et fleurir de toutes ses fleurs mystiques l'âme de la femme, ce véritable "jardin secret".

Qui ne sent ce qu'apportera de nouvelles puissances dans l'amour la femme enfin révélée à nous et à elle-même ? En effet, tant qu'elle n'est pas née pleinement à la vie intérieure, il ne peut guère y avoir entre l'homme et la femme que la possession physique sans répercussion lointaine dans les profondeurs de la spiritualité. Supposez-les tous deux au contraire également quoique diversement développés au dedans ; alors se consomme la communion des consciences ; alors se multiplient, innombrablement, dans le jeu des affinités secrètes, les invisibles rencontres et les subtiles élections ; alors vraiment le couple humain féconde par l'esprit la misère des heures et éternise la vie brève en y faisant sourdre l'infini ! »

Où donc a-t-on pris que le féminisme ambitionne de masculiniser Ève, alors qu'au contraire il veut la *féminiser* ? Tous ses *leaders* sont d'accord à cet égard ! La femme qui « singe » l'homme commet un acte net d'antiféminisme. Pas de travesti ! Gardez vos jupons, au moral comme au physique ! Je me rappelle même une mienne chronique, ancienne déjà et sévère exagérément pour les *autoresses* écrivant sous un pseudonyme masculin.

La « femme reflet » nous a toujours fait horreur, quel que soit le reflet. Jules Bois l'a invectivée en nobles termes :

> *« Je déclare, pour ma part, la lassitude des intellectuels devant la femme stupéfiée ou même intelligente, mais d'une intelligence seulement en reflet. Elle ressemble à ce miroir dont parle le poète Rodenbach "miroir obéissant sans jamais un refus". Nous avons le dégoût de cette misérable compagne de nos ancêtres. J'ai entendu des femmes s'écrier : "Moi, je ne peux penser que la pensée de mon époux, je lui suis inférieure, et, quand même je ne le serais pas, je veux l'être et l'admirer comme un Dieu. Je serai le reflet de sa volonté et la servante de son désir." Pauvre femme, va, reflète, reflète tant que tu pourras, jusqu'à ce que ton Dieu soit si épouvanté et écœuré de ce miroir soporifique lui offrant sans cesse sa propre image, qu'il te brisera un beau jour d'une poussée. Si tel est ton rêve, libre à toi. Mais si ta prétention est de vivre, sache qu'il n'y a pas dans la vie que des questions sentimentales et des heures de chiffon ; il s'agit de penser, avant tout, de savoir, de croire seulement après avoir vu, et être*

sûre de résister si ta personnalité est menacée... Plaire à l'homme ! Mais tu ne lui plairas vraiment que si tu ne t'y appliques point, car alors la loi des attraits s'appliquera normalement, tu trouveras ta nature harmonique, tandis que tu ne rencontres qu'un maître si, au lieu d'attendre et de grandir, tu t'agenouilles[14]. »

« Les féministes sont partisans de l'union libre et veulent désorganiser la famille. »

Aucun groupe féministe n'a inscrit parmi ses revendications l'union libre. Mais les esprits superficiels ou mal informés ne voient aucun intermédiaire entre le mariage tel qu'il est et la polygamie ! La vieille institution leur semble impossible à modifier sans « extravagance licencieuse ». Il est pourtant facile de ne pas confondre *union libérée* et *union libre.*

Cette dernière est d'ailleurs un très haut idéal qui permet de beaux développements oratoires. En pratique, il n'en reste que du songe – du songe qui peut-être vivra en d'imprévoyables futurs. Qu'est-elle ? Une entente verbale, privée, sans aucune garantie ; pas de contrôle, pas de comptes à rendre. C'est de l'anarchie ! Les décisions, les promesses, les actes des conjoints ne sont sanctionnés que par leur conscience ! Alors,

pour les contrats commerciaux, on se passera aussi de notaires enregistreurs et de juges chargés de veiller à l'exécution stricte des clauses ? Le simple « engagement d'honneur » suffira ? Il n'y aura plus ni dans le commerce, ni dans l'union d'amour, à prévoir la duperie ? Aucun contrôle légal ne sera plus nécessaire ?... La théorie est d'un mysticisme très pur, mais elle implique la quasi-perfection humaine. C'est une noble aspiration, ce n'est pas de la morale.
L'union libre sera possible à l'achèvement de l'éducation sociale de l'univers ; d'ici là, on compterait à tort sur l'honnêteté et même sur la lucidité des consciences.

« Alors, que demandez-vous ? »

Il ne s'agit pas de supprimer le mariage, mais d'y apporter des modifications. À l'avis unanime, il en a intensément besoin !
Toutes les « faillites » que l'on s'efforça de constater depuis une vingtaine d'années connurent des négateurs. Une seule obtint, toujours, l'unanimité : celle du mariage. Romans, chroniques, conférences, théâtre, conversations, faits divers, enquête dans la foule et parmi les spécialistes de l'élite, comptes rendus des tribunaux la proclament nettement. Même les plus violents conservateurs la reconnaissent et lui donnent le nom de « crise ». Elle est incontestable.

Fait pour les êtres d'une autre époque, et considéré comme un sacrement, grâce à son voisinage avec le mariage religieux, le mariage n'a pas évolué, tandis que nous nous transformions.

Il n'est qu'apparemment basé sur l'amour. Il donne lieu à d'infâmes marchandages. Il ne se maintient que par l'inobservance continuelle de ses lois. Il est un, rudimentairement simple, tandis que les individus sont à l'infini, différents les uns des autres et complexes. Son entrée est obstruée par d'innombrables formalités tandis que le divorce est une issue étroite et souvent introuvable, etc., etc.

Et surtout *de monstrueuses injustices y sévissent en faveur de l'homme.*

Elles suffisent à condamner dans sa présente forme l'union légale.

En y entrant, jeune ou mûre, la femme devient une *mineure.* Jusqu'à la mort ou au veuvage, la voici soumise à la « puissance maritale ». Quels que soient son âge et sa valeur intellectuelle et morale, elle ne pourra plus agir légalement sans l'autorisation de son mari. Désormais, le Code lui retire la capacité civile que, célibataire ou veuve, elle a pleinement.

L'époux ne peut même l'émanciper ; l'autorisation générale qu'il lui donnerait serait nulle, comme contraire à des dispositions d'ordre public.

Ses biens sont complètement livrés au mari si le mariage a lieu sous le régime de la communauté, qui est le régime légal et le plus fréquent. Elle n'en dispose pas sous les autres régimes.

L'obligation de fidélité n'est pas réciproque puisque l'adultère masculin est puni bénignement et celui de la femme terriblement.

Elle ne fait pas partie des conseils de famille.

L'autorité sur les enfants appartient exclusivement au père.

Etc., etc.

... Ces dispositions, qui dominent le Code, ont des conséquences pratiques et abominables.

Prétendre que la femme les mérite, c'est la considérer comme dénuée de toute intelligence et de toute moralité.

Napoléon exigea la modification du projet de loi rédigé par Cambacerès et qui ne portait aucune trace de la « puissance maritale ». On sait quelles regrettables femmes l'entouraient et quelle brutale opinion il avait pris, en Orient, des rapports possibles entre les sexes. Son but avoué fut d'asservir absolument la femme à l'homme. L'usage établi par un despote semble aujourd'hui naturel, mais aux Français seulement, car le Code Napoléon est considéré dans le monde entier comme une injustice incompréhensible vis-à-vis de nos compagnes. Aucun pays en Europe ne subordonne la femme à l'homme aussi absolument.

En cette France de lumière et de progrès, la femme

mariée se trouve, devant la loi, dans la même situation que les enfants, les aliénés et les forçats !
Encore l'enfant, l'aliéné, le forçat, peuvent recouvrer leurs droits civils, civiques et politiques, grâce à l'âge, la guérison ou la réhabilitation, tandis que le veuvage seul peut rendre à la femme ses droits civils et elle n'a jamais les autres !
Un comité composé de notabilités féministes[15] et que M. Henri Coulon présida admirablement, a présenté au Parlement un projet de réforme du mariage, dont certains articles sont déjà en instance de vote. Les trois tendances générales de ce travail sont :

1/ Rendre l'entrée dans l'union légale aussi facile et aussi peu coûteuse que possible ; en effet (n'importe quel avocat ou magistrat vous le dirait !), des formalités, fastidieuses en bien des cas, gênent ou même empêchent pratiquement l'entrée dans le mariage. Même lorsque aucun des innombrables obstacles possibles ne se dresse, quelle différence avec l'Angleterre, où l'union légale ne comporte aucune formalité et peut avoir lieu instantanément ;

2/ Accorder aux époux mêmes droits, mêmes devoirs, mêmes responsabilités. C'est là, surtout, que les réformateurs se sont montrés heureusement féministes ; nous allons bientôt voir en quel point spécial ;

3/ Régler le divorce en sorte qu'il soit la séparation digne de deux êtres conscients et non l'abominable comédie qu'il est actuellement.

« Comment arriver à cela ? »

Examinons ceux des articles de ce projet qui concernent spécialement les femmes.

> Art. 2. – La femme ne perdra sa nationalité par le fait de son mariage contracté en France, ou devant les autorités françaises à l'étranger, que si elle déclare vouloir appartenir au même pays que son mari.

En effet, aujourd'hui, une Française épousant un étranger acquiert de droit la nationalité de son mari, ce qui lui est souvent désagréable et ce qui peut présenter, pour elle, divers sérieux inconvénients : par exemple, très malheureuse en ménage, elle est dans l'impossibilité de se refaire une nouvelle existence, si sa nouvelle patrie n'admet pas le divorce[16].

> Art. 18. – Les deux époux ont des droits et des devoirs égaux.
>
> Art. 19. – Ils se doivent mutuellement fidélité, aide et assistance.
>
> Art. 20. – Les époux contractent ensemble, par le seul fait du mariage, l'obligation de nourrir, entretenir et élever leurs enfants.

Ces trois articles proclament l'égalité des conjoints devant la loi et en remplacent d'autres, par exemple ce ridicule article 213 que les « conjoints » ne peuvent entendre sans rire : « Le mari doit *protection* à sa femme, la femme *obéissance* à son mari » est aussi odieux que cet article 214 qui, en disant : « La femme est obligée d'habiter avec le mari et de le suivre partout où il juge à propos de résider », légalise une tyrannie dont on cite des exemples odieux. Mais si, à chaque page, le projet en question supprime des injustices antiféministes, ses deux plus importants articles sont le 28e et le 30e :

> Art. 28. – *Le régime légal obligatoire du mariage est* LA SÉPARATION DE BIENS.
> Art. 30. – *La femme mariée* A LE PLEIN EXERCICE DE SA CAPACITÉ CIVILE.

Par le mariage, la femme est asservie en ce qui concerne non seulement sa personne, mais aussi ses biens.

« Comment cela ? »

Lorsque les époux s'abstiennent de faire un contrat, le régime est, de droit, celui de la « communauté ». Or, les *deux tiers* des couples – les plus intéressants, puisqu'il s'agit des pauvres, des inexpérimentés – ne

font pas de contrat. Et dans le dernier tiers, le régime le plus fréquent est encore la « communauté[17] ».
Ce régime qui met « les biens » en commun, livre absolument au mari tout l'avoir, petit ou grand, de l'épouse : « Le mari administre seul les biens de la communauté. *Il peut les vendre, aliéner, hypothéquer, sans le concours de sa femme* » (Code civil, article 1421).
Cela suppose la femme complètement hors d'état de s'occuper de ses affaires. Tout ce qu'elle possède est livré à l'arbitraire de son mari. Si celui-ci est honnête et intelligent, c'est parfait. Mais dans le cas contraire ?
« Combien de fois est-il arrivé, surtout dans la classe ouvrière, que le mari, pour se procurer de l'argent, ait vendu les objets les plus nécessaires à la vie de sa femme et de ses enfants[18] ! »
La seule protection de celle-ci est de demander judiciairement la séparation de biens, qui survient toujours trop tard, soit en raison des longueurs de la procédure, soit parce que, le mari administrant *seul* les biens de l'épouse mis en commun, ceux-ci se trouvent dissipés avant qu'elle ait conçu le moindre soupçon.
Il y a peu d'années encore, le mari pouvait s'approprier le salaire de l'épouse, contraindre les employeurs à le verser entre ses mains. Il pouvait le saisir-arrêter et l'employer à payer ses dettes personnelles, selon son bon plaisir. La loi Goirand lui a retiré ce droit inique. Mais, comme Mme Marguerite Durand[19] le fit remarquer aussitôt dans la presse, tant que la

LA FEMME EST FAIBLE, ELLE A BESOIN DE PROTECTION.

communauté existera, cette loi sera une véritable prime au gaspillage. En effet, l'épouse peut maintenant toucher et dépenser son salaire, mais il lui est bien difficile de le placer sans qu'il tombe dans la communauté, c'est-à-dire qu'il soit livré au mari ! La conclusion est aisée !

Dans le régime dotal, le Code ne se départit pas de sa défiance vis-à-vis de la femme. Seulement, il y ajoute une défiance identique vis-à-vis de l'époux. Ni l'un, ni l'autre ne peuvent toucher à la « masse ». Résultat : le coffre-fort *appartenant à l'épouse* est fermé aussi bien *pour elle* que pour l'époux.

Dans le régime dit de la séparation de biens, la femme peut administrer ses biens et en toucher les revenus, mais elle n'en dispose pas. Elle n'en peut aliéner une parcelle sans l'autorisation de son mari – et, fréquemment, cette autorisation lui est vendue à haut prix.

Quel que soit le régime, la *puissance maritale* est souvent et peut toujours être *l'exploitation maritale.*

Or, les deux articles ci-dessus cités la suppriment absolument. D'une part, ils déclarent que le régime obligatoire du mariage est la séparation de biens et de l'autre que la femme mariée a le plein exercice de sa capacité civile. Ils contiennent l'essentiel de la *Law of the married women's property*, qui, en vigueur depuis vingt-sept ans, a vraiment rénové le mariage anglais.

Si le mariage français est souvent une industrie, c'est parce que l'épouse n'y dispose pas de ses biens. La cupidité y joue, chez nous, un rôle qui n'est que très faible de l'autre côté de la Manche.
En Angleterre, en effet, depuis 1883, le mari n'a rien à voir dans tout ce qui concerne les biens de sa femme ; celle-ci peut vendre, acheter, dépenser, *gaspiller même*, librement ; elle a les mêmes droits sur sa fortune personnelle que si elle n'était pas mariée. Dans ces conditions, le métier de « coureur de dot » devient bien pénible !
En 1898, mon maître et ami, Eugène Lintilhac, m'écrivait[20] : « … La grosse dot *dégrade* l'épouseur d'abord, elle *déprave* l'épouse surtout. La peste du foyer moderne, c'est l'*uxor dotata* ; elle était aussi celle de l'antique : Plaute, Térence l'avaient dit avant moi. Ce n'en est pas moins vrai. »
Rien de plus juste sous le régime actuel que l'opinion émise par le maître écrivain. Le « M. Alphonse » qui épouse une femme pour sa dot exhale un soupir de soulagement en sortant de la mairie. Ça y est ! Le tour est joué ! Il a, de par la loi, une belle fortune sous sa casquette. Suivant le contrat, il en est plus ou moins copropriétaire, mais, enfin, quoi qu'il advienne, le voilà bien tranquille ; il fera vite un ou deux enfants à sa femme pour qu'en cas de mort de celle-ci le bon argent reste là. Et puis, en avant la noce, Maxim's et les petites femmes !

En Angleterre, on peut bien « par raison » (pour se servir de la métaphore bourgeoise qui remplace un vilain mot) épouser une femme riche, mais la fortune de celle-ci lui reste complètement, absolument, dans les mains. Et le mari, s'il veut être entretenu, doit continuer à être aimable. On n'a point là-bas, femme et dot « une fois pour toutes ». Le mariage ne saurait y devenir une profession, et s'il plaît à une femme riche de s'offrir un bel époux, au moins peut-elle « en avoir pour son argent ».
… Les articles 28 et 30 donneront à la Française, en ce qui concerne ses biens – petits ou grands – tous les avantages que possède sa sœur d'Angleterre, depuis vingt-sept ans, depuis l'établissement de cette *Law of the women's property* qui devait, selon les opposants, détruire le foyer anglais et qui, au contraire, l'a puissamment consolidé.

« Mais ma fille, qui ne sait que faire un peu d'aquarelle et jouer des valses au piano, est incapable d'être maîtresse de sa dot ! »

Mademoiselle votre fille a reçu, madame, une éducation bien incomplète ! Comment, elle possède une dot, des « espérances », et vous ne lui avez pas donné depuis longtemps les notions nécessaires à la gérance de cette fortune ? Ce n'est pourtant pas une étude terriblement compliquée et le pensionnat très vieux style, où elle paraît avoir été élevée, lui a enseigné des choses plus difficiles et moins utiles ! En Angleterre, depuis que l'épouse possède réellement ses biens, je vous assure que les jeunes filles du Royaume-Uni savent compter ! Et si elles sont inférieures à leurs sœurs françaises au point de vue de la tenue de la maison, elles les dépassent infiniment en ce qui concerne les quelques connaissances indispensables à l'administration de leur fortune, petite ou grande – et cela pour la simple raison *qu'elles auront à l'administrer.* Jadis, elles aussi étaient incapables de faire un calcul sérieux !

Mademoiselle votre fille s'aidera des conseils de son mari qui, espérons-le, sera moins ignorant qu'elle. Même elle pourra s'en remettre à lui, soit en une certaine mesure et temporairement, soit absolument, quitte à lui retirer sa confiance si les circonstances montrent qu'il en abuse.

Certes, à cet égard, l'éducation féminine doit être modifiée !

D'ailleurs, non seulement les deux sexes doivent recevoir la même instruction, mais ils doivent la recevoir ensemble. La *co-éducation* – si calomniée par les ignorants – a une importance décisive. Elle s'étend à l'étranger, avec rapidité ; partout où elle existe, elle donne des résultats admirables[21]. Si on la maintenait de parti-pris, l'éducation séparée fausserait toujours le couple, la cellule sociale, l'*unité sociale*. Toujours le jeune homme et la jeune fille, tardivement mis en présence, l'une cloîtrée dans une surveillance de harem, l'autre n'approchant que des courtisanes, se considéreront avec défiance, prêts à devenir ennemis. Ils doivent se développer ensemble, savoir se fréquenter, se juger et se connaître sans trouble ni ignorance, tranquillement. L'équivalence intellectuelle, la lucidité dans le choix de l'époux ou de l'épouse, l'accord du couple, où s'épanouira sans sacrifice, sans gêne, la personnalité de chacun, est à ce prix.

« Mais la femme est faible ; elle a besoin de protection ! Dans son intérêt, laissons-la sous la puissance maritale ! »

On ne parle à la femme de sa faiblesse que lorsqu'elle réclame un droit ! Cette fameuse faiblesse lui a-t-elle jamais servi d'excuse devant les lois répressives ?
La preuve que ce n'est pas dans son intérêt, mais pour la rendre dépendante de l'époux qu'elle est soumise à la puissance maritale, éclate dans cette contradiction du Code : si notre compagne est un pauvre être inférieur, réellement incapable d'aller

seule dans la vie, elle devrait *toujours* rester en tutelle. Or, célibataire ou veuve, elle a le plein exercice de sa capacité civile ! Si, au contraire, elle possède assez de raison pour se diriger, pourquoi la placer en tutelle durant la période du mariage ?... Cette jeune mariée qui, tout à l'heure, était assez forte pour avoir ses droits civils est maintenant trop faible pour les posséder et cela par le seul fait qu'elle a dit « oui » à M. le Maire ! Cette veuve, hier en stricte tutelle, est aujourd'hui complètement émancipée : le décès de son mari a suffi à cette transformation ; hier elle était « mineure » et incapable d'un acte légal, aujourd'hui elle est jugée habile à se débrouiller dans les affaires d'héritages les plus compliquées...
... Napoléon parlait en ces termes aux législateurs chargés de rédiger son code : « Il faut que le mari puisse valablement dire à sa femme :"Non, Madame, vous ne sortirez pas ! " ou "Vous sortirez !" et qu'il n'ait même pas à expliquer ses volontés. »
Et la « puissance maritale » naquit !

« Sa suppression désorganiserait la famille. »

Pourquoi donc ? Là où elle n'existe pas, en Angleterre, en Amérique, au Canada, et dans une dizaine d'autres grands pays, la famille est des plus solides !

C'est justement là que, selon les statistiques, les mariages sont à la fois les plus précoces, les plus féconds, les plus durables et les plus nombreux.
L'égalité entre époux forme une base évidemment plus forte et plus légitime pour la famille que l'inégalité.

« Les Anglo-Saxonnes peuvent se passer de l'autorité maritale parce qu'elles sont beaucoup plus réfléchies que les Françaises. »

Vous confondez la cause avec l'effet ! Si elles sont réfléchies, c'est parce qu'elles possèdent pleinement leurs droits civils, c'est parce que, de leur majorité à leur mort, elles ne dépendent que d'elles-mêmes, c'est qu'à toute période de leur vie, elles ont à prendre, seules, des décisions graves !
Tant qu'il se trouve sous la dépendance de ses parents, le jeune Français reste assez puéril ; il ne se virilise qu'au contact direct des responsabilités de la vie. Or, le plus souvent la jeune Française ne quitte la dépendance de ses parents que pour se trouver sous celle de l'époux ; comment s'étonner si parfois elle reste un peu « enfant » ?

« Votre liste d'injustices subies par les femmes est-elle épuisée ? »

Les deux articles en question[22] effaceront encore bien d'autres injustices ; ainsi, sont incapables d'exercer les fonctions de tuteur : les mineurs, les fous, les condamnés à une peine infamante, les gens d'une inconduite notoire, et – toujours ! – *les femmes* ! Celles-ci peuvent être tutrices de leurs propres enfants, mais elles sont considérées comme indignes d'exercer ces fonctions vis-à-vis des enfants de leur plus vieille amie, même si ceux-ci, à défaut d'elle, seront confiés à un étranger.
De même, elles ne peuvent faire partie des conseils de famille ! Pourquoi ?...
Domat, cité par tous les bons auteurs, essaye de justifier cette incompréhensible exclusion en disant que la tutelle demande une autorité et oblige à des fonctions qu'il serait *indécent* que la femme exerçât à l'égard d'autres personnes que ses enfants. Nous avouons ne pas saisir ce qu'il peut y avoir de particulièrement indécent pour une tante qui a recueilli chez elle des neveux ou des nièces orphelines, à joindre la qualité légale de tutrice à l'autorité quasi maternelle qu'elle exercera sur ces enfants. Il nous semble au contraire parfaitement illogique que cette femme, qui rend à des orphelins, auxquels l'attachent

les liens du sang, un service si considérable, ne puisse pas, parce que femme, avoir sur leur personne et sur leurs biens, les droits que la loi permet d'attribuer à un indifférent à la seule condition qu'il soit du sexe masculin.

« L'exclusion de la femme des conseils de famille a, en fait, des conséquences profondément regrettables. Nul n'ignore la façon dont sont recrutés les membres des conseils de famille ; lorsque les parents et alliés du mineur n'habitent pas la localité même où doit avoir lieu la réunion ou un rayon très rapproché, on appelle pour les suppléer des amis des parents défunts : ce sont souvent des indifférents, désireux surtout de se débarrasser le plus rapidement possible d'une corvée ennuyeuse ; ce sont parfois aussi des mandataires qui ne connaissent ni le mineur, ni les siens, ni même leurs mandants. Et ce sont six personnes ainsi choisies, ainsi "recrutées", qui trancheront les questions intéressant le plus gravement la personne et les biens d'un enfant, tandis qu'on aura obligatoirement écarté de cette réunion les belle-sœur, tante, grand-mère, etc., en un mot, toutes les personnes du sexe féminin que leur parenté ou leur alliance attachent par des liens réels au mineur que la loi veut protéger[23].

Ou la femme est capable d'être tutrice, ou elle ne l'est pas. Si elle en est capable, pourquoi ne le reconnaît-on pas, comme pour l'homme, dans tous les cas ? Si, comme mère ou aïeule, on lui accorde assez d'intelligence et d'esprit pratique pour surveiller l'éducation ou administrer les biens d'un enfant, le sien, il est étrange que ses facultés s'éteignent brusquement au moment précis où elle doit avoir la direction d'un autre enfant, son neveu, par exemple. Dira-t-on, comme souvent, qu'elle apportera moins de sollicitude dans la gestion des intérêts de son neveu que de son fils ? Que ne le dit-on pour l'homme ?
Si, au contraire, la femme est naturellement incapable d'exercer la tutelle, la loi commet un crime contre le pupille, en autorisant la mère ou l'aïeule à ruiner cet enfant et à lui inculquer une éducation déplorable !

On interdit aussi à la femme l'accès du Conseil de famille. Et pourtant, là, il n'y a pas de charges à supporter, pas de direction à imprimer, pas de responsabilité civile à encourir. Une femme ne pourrait-elle y donner les meilleurs conseils, quand il y serait question de l'éducation, de l'avenir, du mariage du jeune pupille, surtout d'une jeune fille[24] *? »*

« Du moins l'épouse a-t-elle la consolation de posséder tous les droits vis-à-vis de ses enfants ? »

Nullement ; vis-à-vis de ses enfants, l'épouse n'a aucun droit pendant le mariage. Le mari exerce seul la puissance paternelle. La loi exige quelquefois l'intervention et le consentement de la mère, mais même dans ce cas, s'il y a désaccord entre le père et la mère, la volonté du père l'emporte. Celui-ci peut placer l'enfant *où il veut* pour son éducation ou son apprentissage, *même très loin de la mère* ; il décide *seul* du genre et de la quantité d'instruction à lui donner. À ses fantaisies les plus inhumaines, la mère ne peut valablement s'opposer.

Vous devinez les abus qui en résultent ! Ils pourraient alimenter cent mélodrames.

M. Ernest Legouvé, après avoir cité un certain nombre d'articles injurieux pour la femme, énumère les suivants :

« Art. 372. – L'enfant reste jusqu'à sa majorité ou son émancipation sous l'autorité de son père et de sa mère. »

Voilà l'égalité. Puis l'article ajoute : « Le père exerce seul cette autorité. » Qu'est-ce qu'une autorité qu'on n'exerce pas ?

« Art. 373. – L'enfant ne saurait quitter la maison paternelle sans la permission de son père. »
Rien de plus juste. Mais la mère ? Il n'est pas même question d'elle.
« Art. 376. – Un père à qui son fils donne des sujets très graves de mécontentement peut le faire détenir pendant un mois. »
Et la mère, elle, n'est pas même nommée.
« Art. 148 – Le fils qui n'a pas atteint l'âge de 25 ans, la fille qui n'a pas atteint l'âge de 21 ans, ne peut contracter de mariage sans le consentement de son père et de sa mère. En cas de dissentiment, le consentement du père suffit. »

« Ainsi, la mère est impuissante légalement à défendre ses enfants, impuissante à les diriger, impuissante à les éloigner de la maison paternelle, impuissante à les y retenir, impuissante à les marier, impuissante à les détourner d'un mariage funeste. Les mots mêmes l'expriment. On dit la maison paternelle, on ne dit pas la maison maternelle. Il y a trente et un ans que ces lignes ont été écrites. Depuis trente ans, on nous parle de justice, d'égalité, et pas un seul de ces articles n'a été révisé. On n'a rien répondu
de désagréable à M. Legouvé, c'est un homme, mais il n'en a pas été de même pour les femmes. Lorsqu'elles

ont demandé que le père et la mère aient une autorité égale sur leurs enfants, on leur a répondu qu'elles travaillaient à détruire l'esprit de famille, qu'elles allaient contre la nature, qu'elles s'insurgeaient contre le bon sens, etc.

Eh bien ! Ce reproche, nous le retournons à ceux qui nous l'adressent, car nous considérons que c'est agir contre la nature, contre le bon sens, contre l'esprit de famille, que d'annihiler la mère ; et nous estimons qu'aucun argument ne saurait avoir de valeur en face d'une pareille anomalie, d'une telle iniquité.

Entre autres choses, on nous dit qu'il ne faut point deux volontés dans une maison. Et pourquoi donc ? Lorsqu'il s'agit de deux associés, est-il donc permis à l'un de prendre une mesure qui ne serait pas approuvée par l'autre[25] *? »*

« Mais supposons aux époux des droits égaux, qu'arrivera-t-il s'ils ne s'accordent pas au sujet d'une décision à prendre vis-à-vis des enfants ? »

Le président du tribunal, ou un juge délégué par lui, ou mieux, parce que plus proche, le juge de paix, les départagera sans délai. Ainsi seront évités les abus d'autorité paternelle qui se commettent sans cesse dans le seul but d'affliger la mère, parfois même de la « faire chanter ».

« Ce serait immiscer d'une façon choquante un tiers dans la famille. »

Préférez-vous y voir la tyrannie d'un époux sur l'autre, les scènes, la révolte ?...
Bien entendu d'ailleurs, l'intervention du juge n'aurait pratiquement à s'exercer que pour les cas graves, pour les abus précis.

« Si le mari est honnête, il n'abuse pas des avantages que lui donne la loi présente. S'il est malhonnête, il saura contourner la loi modifiée. Donc, tenons-nous en aux usages actuels. »

Certes, si le Code infériorise la femme, les mœurs le corrigent très souvent. Le nombre des ménages heureux est grand ; mais il ne diminuera pas en raison des réformes qui protégeront les épouses moins « bien tombées » contre la tyrannie et l'exploitation de maris indignes. Encore une fois : ce n'est pas pour les braves gens que les lois sont faites !
D'ailleurs, je le répète, le « bon époux » *ne peut* en

ce moment relever sa femme de son incapacité civile en lui donnant une autorisation générale ; celle-ci serait *nulle*, comme contraire à une disposition d'ordre public.

… Lorsque, en Angleterre, la *Law of the married women's property* fut discutée et votée, l'argument ci-dessus était spécialement employé par les opposants. Ils disaient que rien n'empêcherait l'épouse mal mariée de voir ses biens volés par son mari, et cela grâce à des caresses ou à des coups de pied : « *she will be kissed out or kicked ont of her property* ». Et pourtant, jamais loi n'entra aussi vite dans les mœurs et n'eut influence aussi salutaire.

« Mais du point de vue pénal, l'époux et l'épouse sont égaux devant la justice ? »

Nullement !

Voici le tarif :

Adultère au dehors de la maison conjugale :

Pour la femme : de trois mois à deux ans de prison[26].

Pour l'homme : rien ! le Code est muet !

Adultère dans la maison conjugale :

Pour l'homme : *l'entretien* d'une concubine *dans la maison conjugale* n'est puni que par une amende de cent francs à deux mille francs.

Pour la femme : son assassinat par le mari est déclaré « excusable[27] » !!!
Quant à l'article 324, l'excuse du meurtre – toujours au profit du mari seul –, est-ce que la conscience moderne ne le vomit pas ? Est-ce que nous ne sommes pas à vingt siècles de ces temps sauvages où l'on fouettait, saignait, pendait, dépeçait, écorchait vive la femme adultère, où on la tuait vite ou lentement, comme le font encore, à coups de revolver ou de couteau de cuisine, quelques dernières brutes fauves d'aujourd'hui ?
Est-ce que cette odieuse idée de la possession d'un être dans le mariage, l'idée qu'il est votre chose, corvéable à merci, votre bien, un esclave qu'on rançonne et qu'on verrouille, qu'on tue au besoin, est-ce que cette abominable idée ne va pas prendre fin[28] ?
… Et l'épouse n'est pas admise aux fonctions de membre du jury en Cour d'assises. Même si l'on juge une femme pour un crime de femme – un infanticide par exemple –, les hommes décident seuls. La femme la plus remarquable ne rendra jamais de sentences en Cour d'assises ; alors que ce rôle est constamment exercé par des hommes très intérieurs. Le tableau est facile et frappant de la pauvre fille qu'un jury masculin condamne implacablement pour infanticide le jour même où son séducteur fait en toute liberté un riche mariage, la recherche de la paternité étant interdite[29].

La femme subit la justice ; elle ne la rend jamais. Et la justice est beaucoup plus sévère pour elle que pour l'homme.

« La femme n'est pas l'égale de l'homme ; elle lui est inférieure. Donc, elle ne peut avoir les mêmes droits. »

Si, comme nous le ferons tout à l'heure, on compare *dans un même milieu* l'homme et la femme, on constate que celle-ci ne marque pas une réelle infériorité. Pourtant, elle est loin d'avoir acquis son plein développement intellectuel ; inutile et dédaignée pendant les siècles de force à cause de sa faiblesse physique, elle s'éveille à peine de cette somnolence, de ce long esclavage ; elle est éblouie, elle trébuche encore un peu dans la lumière nouvelle et sans cesse croissante de la demi-liberté et de l'instruction.
Mais il importe avant toute discussion de tirer au clair le sens de cette expression si fréquemment employée, « l'égalité des sexes ». Je cède la parole à M. Jean Izoulet :

> *« Sur la nature psychologique de la femme, deux conceptions principales ont cours. Pour les uns la*

> *femme comparée à l'homme apparaît identique en nature, mais inégale en degré ; de sorte qu'elle ne serait qu'un homme amoindri, pour ne pas employer cette expression discourtoise : un homme manqué. Pour d'autres, la femme apparaît identique en nature et égale en degré. Égale ou inégale, mais toujours semblable : je ne saurais adopter aucune de ces deux conceptions. Pour moi, la femme est de nature différente et même inverse MAIS DE VALEUR ÉQUIVALENTE*[30] *! »*

Si un « psychomètre » pouvait exactement mesurer la hauteur intellectuelle, l'énergie, la rectitude morale, la puissance d'assimilation et d'invention, la finesse, le tact, la femme amènerait des totaux surprenants pour la vanité masculine. Et pourtant, malgré les énormes progrès qu'elle a accomplis depuis qu'on lui verse l'instruction à grands flots magiques et qu'une liberté relative la fortifie, elle n'est pas encore à la période finale de son développement Si, du moins, on considère *la masse* ; car, des individualités extrêmement nombreuses et admirables semblent démentir ce jugement un peu restrictif.
Établissons sommairement son histoire psychologique. En des époques reculées, elle connut un merveilleux apogée mental et physique, le *matriarcat*, dont faute de place je ne peux parler comme il serait utile de le faire. Puis, des cataclysmes ignorés déterminent

l'écroulement de la civilisation féminine, et le règne de la Force commence.

Dédaignée alors des rudes guerriers pour sa faiblesse, Ève est progressivement reléguée aux seules fonctions domestiques et sexuelles. Elle devient l'esclave du logis, elle est pour l'époux un instrument de plaisir et de reproduction. À cela se borne son rôle, jadis si grand. Sa voix sage ne s'élève plus que dans les gynécées, et peu à peu se puérilise. Le christianisme, ou plutôt les ascètes grossiers qu'étaient les Pères de l'Église, accentuent cette tendance en déclarant la femme « complice de Satan, impure, responsable de tous les péchés des hommes, instrument de damnation, porte de tous les vices, soupirail de l'enfer », etc. Le concile de Mâcon ne lui accorde une âme qu'à une voix de majorité ! Pourtant, de grandes reines, d'illustres savantes, surgissent fréquemment pour montrer que l'âme féminine n'est pas éteinte et que sa splendeur, qui par instants se ravive, n'est qu'assoupie.

Quand, aux temps modernes, la Pensée succéda à la Force, et le Cerveau au Muscle, la femme pouvait, dans la nouvelle Cité, être mieux que l'esclave utile et voluptueuse pour l'homme, elle pouvait être libérée de cette longue servitude, si ancienne qu'elle semblait naturelle et légitime comme celle du peuple avant 1789. Elle pouvait avoir une existence à elle, une évolution distincte, ne pas plus fatalement

SI LE MARI EST HONNÊTE, IL N'ABUSE PAS DES AVANTAGES QUE LUI DONNE LA LOI PRÉSENTE.

dépendre de l'homme que d'elle il ne dépend, avoir d'autres mérites que son simple sexe. Mais ce qui n'existait que de fait, sembla de droit ; et la routine la laissa dans un esclavage intellectuel, civil, économique, politique, etc., etc. ! *Intellectuel* : la tradition exigeait qu'elle fût éduquée de musiquaillettes, de catéchisailles, de petits arts d'agrément, et encore non pour elle, pour son augmentation mentale, mais pour mieux charmer l'époux ; toute lecture supérieure pouvant, selon l'opinion unanime d'alors (et de beaucoup encore aujourd'hui !) la retrancher à son rôle passif de serve ; qu'elle adopte plutôt que d'étudier, disait-on, les opinions de l'homme qui seul doit savoir, qu'elle le reflète. *Civil* : elle ne peut agir – maintenant comme il y a cent ans – que par l'intermédiaire de son père d'abord ou de l'époux qu'il lui faut avoir ensuite (le mariage étant sa carrière officielle), ceux-ci lui seraient-ils cent fois inférieurs ; éternelle mineure, elle n'est ni libre ni responsable, la loi la considère nettement comme une pauvre enfant incapable de se diriger, vouée à l'obéissance, à la tutelle sans condition. *Politique* : elle n'est ni électeur ni éligible, même si elle est chef de famille, doctoresse, avocate, professeur de lycée ou de faculté. *Économique* : la femme, encore à l'instant où j'écris, ne peut qu'exceptionnellement vivre de son labeur, seule, par elle-même ; son salaire à tous les degrés de l'échelle sociale est presque toujours, pour un égal travail, inférieur à celui du travailleur ; il lui faut, pour éviter la misère, le bon gré du mari ou d'un amant. Épouse ou prostituée, c'est toujours cet échange, c'est toujours l'étreinte sexuelle vendue à l'homme.

Ainsi laissée au long des siècles, ignorante, irresponsable, n'étant jamais appelée à faire acte de force intellectuelle, d'initiative, d'indépendance, n'existant socialement que par l'intermédiaire de l'homme, traitée toujours en enfant, il était *inévitable* qu'en une certaine mesure elle s'atrophiât ! Une faculté se développa en elle, anormalement, celle de plaire – et d'autant plus, au détriment de toute autre, que l'instruction féminine date de ces derniers temps. Ses efforts, d'âge en âge, tendirent à augmenter ce charme, ce rayonnement sexuel qui est sa raison d'être, son seul pouvoir, sa seule défensive. Elle l'utilise parfois regrettablement ? Dans ce qu'on appelle le duel des sexes, elle est pourtant plus souvent meurtrie que l'homme. En tout cas, ce dernier est responsable de cette « incohérence de pensée et d'action » dont il se plaint tant ! Il s'offusque de ce qu'il appelle la niaiserie féminine ? Mais que n'a-t-il concédé plus tôt à sa compagne le droit à une sérieuse instruction ! Quelque coquette le torture ? Pourquoi maudire une charmeresse, puisqu'il jugea toujours la femme propre seulement à charmer et ne devant pas s'évader de ce rôle ?...

Il lui reproche sempiternellement son âme ou de ménagère, ou de courtisane et, avec une pédanterie dédaigneuse, il ne lui concède encore aujourd'hui qu'un destin de courtisane ou de ménagère ! Cette séculaire sottise atrophia un peu la femme, ai-je dit, *mais c'était là de l'engourdissement et non de l'impuissance, une infériorité non pas naturelle mais acquise en de longues époques d'inaction.*
Et voici longtemps que notre compagne a commencé de s'éveiller de *cet engourdissement* ! Elle n'est plus une *atrophiée* ! En ce moment, l'élite féminine est admirable et s'accroît sans cesse en puissance et en éclat. Et même la « foule » féminine a ressenti, dans ses couches les plus profondes, l'influence de la relative libération et de l'instruction.

Mais faisons abstraction des résultats que ne perçoivent pas les inattentifs. Oublions ce merveilleux et frissonnant éveil. Considérons la femme telle qu'elle apparaît aux misogynes.
Ces derniers clament : « Le cerveau de l'homme est plus volumineux et lourd que celui de la femme. » Candide objection ! D'abord, il faut considérer les dimensions du cerveau relativement à celle du corps, sinon l'être humain se classerait bien après l'éléphant et la baleine ! Or, la femme est plus petite, plus frêle que l'homme : si l'on compare son cerveau à sa stature, il apparaît plus gros que celui de l'homme ; et il

ne lui cède rien au point de vue de la complexité ! En réalité, le cerveau ne tire pas sa supériorité de son volume. Celui de Gambetta était minuscule.

Pour employer des arguments aussi comiques mais meilleurs puisque exacts, on pourrait répondre encore que la forme et la pesanteur très significatives de la mâchoire éloignent beaucoup plus la femme que l'homme de l'animalité, et que l'anthropoïde femelle marchait debout depuis longtemps, alors que son mâle allait encore à quatre pattes !

La femme est supérieure à l'homme en ce qui concerne *l'ouïe* (professeurs Jastrow, Politzen, Wilde, Duncanson, Urbantschitsch, Zanfal), le *toucher* (professeurs Matteï, Ottolenghi, Stern, Jastrow, Mac Donald, Marro, Felkin), l'*odorat* (professeurs Garbini, Marro), le *goût* (professeurs Bailey, Nichols, Ottolenghi, Matteï, Toulouse), la *vue* : cécité, myopie et autres affections des yeux moins fréquentes, distinction des couleurs infiniment plus précise (professeurs Carter, Alex. Key, West, F. Warner, Jacob, Spielman). Cela d'après des milliers et des milliers d'observations. Non seulement ses cinq sens sont plus sensibles mais ils perçoivent plus vite ; de même, musculairement, la femme peut donner aussitôt, à volonté, au premier essai, son maximum d'efforts, alors que l'homme doit s'y reprendre à plusieurs fois. L'idiotie, la folie atteignent plus souvent l'homme ; en Amérique, sur les deux cent cinq derniers centenaires, cent cinquante-trois étaient des femmes ; le dernier recensement montra qu'en Angleterre, pour cent quatre centenaires femmes, il n'y avait que vingt-quatre centenaires hommes. En France, la moyenne des décès de centenaires en vingt années, a été, par an, de vingt-sept hommes pour quarante-huit femmes. « L'éternelle blessée, l'enfant malade » survit à bien des hommes.

Quoiqu'il y ait eu d'illustres guerrières, le rôle de la femme n'est pas de combattre les armes à la main. Son courage physique et moral n'en demeure pas moins admirable. Une détonation peut l'effrayer, mais songez à toute l'endurance qu'il lui faut pour les peines de la grossesse, de l'accouchement, pour les nuits sans sommeil au chevet de ses enfants, pour toutes les incessantes anxiétés du ménage !

Alors qu'un léger malaise physique ou même une menue angoisse morale suffit souvent pour abattre un homme robuste, elle résiste aussi extraordinairement et à l'emprise de la maladie et à celle du chagrin. Le désespoir ne la décide que rarement à se tuer : sept suicides sur dix sont masculins, affirme la statistique. Elle continue à lutter ou elle se résigne. Sa ténacité et son acceptation de l'inévitable atteignent à une beauté vraiment sportive !

« Le manque de force est toujours une infériorité. Et la femme est, indéniablement, plus faible que l'homme. »

La femme est inférieure à l'homme parce qu'elle est plus faible que lui, musculairement ! Cette puérile objection est fréquente, non dans les districts ouvriers, où la femme accomplit un travail de bête de somme, non parmi les *sportsmen*, qui savent, eux, quelle part dominante l'intelligence joue dans l'exercice physique surtout quand il affecte la forme d'un combat, mais parmi la bourgeoisie riche où l'épouse n'a justement besoin d'aucune force dans sa vie oisive !

Le mépris ancien et militaire pour le mince bras incapable de brandir le glaive inspire aussitôt cet argument atavique à qui entend parler du féminisme pour la première fois ! Ou bien comme la femme n'est plus faible que l'homme, ni moralement, ni intellectuellement, on se rabat sur son infériorité musculaire.

D'abord, cette infériorité n'est évidente qu'en ce qui concerne les gros efforts du portefaix, du leveur de poids, du lutteur, du déménageur. Le travail moyen des femmes du peuple, des domestiques, des paysannes, des ouvrières de certaines fabriques implique une *résistance* musculaire dont bien des hommes seraient incapables. Sans parler des énergies spéciales nécessitées pour certaines fonctions féminines, par exemple la grossesse et l'accouchement.

Mais quelle mentalité faut-il avoir pour mesurer la valeur d'un être à sa puissance purement musculaire ?

Le temps de la force brutale est passé. Dès qu'une lueur d'intellectualité apparut sur notre planète, les énormes monstres antédiluviens s'éteignirent un à un. Leurs réductions dans l'animalité d'ensuite disparurent ou disparaissent. Les races humaines bien douées intellectuellement en absorbèrent beaucoup d'autres qui n'avaient d'autre supériorité que celle de la puissance physique.

C'est là une loi stricte et bien connue de survivance !

Dans la vie d'aujourd'hui, industrielle, commerciale, diplomatique, artistique, littéraire, sont-ce les « montagnes de muscles » qui prédominent ?

Et militairement ? La guerre russo-japonaise, quel exemple !

Dans le sport, la vigueur brutale n'est une supériorité qu'alliée au jugement, à la science, au calcul, à « la tête » comme on dit en escrime.

Il faut être bien à court d'arguments pour voir aussitôt la condamnation du féminisme dans le fait qu'aucune femme ne développerait les haltères de Bonnes, Apollon, Deriaz, et autres athlètes professionnels.

« Soutiendrez-vous que la femme est aussi instruite que l'homme ? »

Aujourd'hui, et jugeant d'ensemble, on peut hardiment répondre : oui ! Dans la bourgeoisie, grande ou petite, les examens des jeunes filles sont au moins aussi difficiles que ceux de leurs frères ou cousins. Et elles réussissent à les passer non moins souvent que ceux-ci. Le temps n'est plus où suffisait le « vernis » acquis au pensionnat voisin : du piano, l'orthographe, un peu d'histoire, de géographie et de « style ». Tout père avisé tient à ce que sa fille fasse des études sérieuses.

Telle exquise jeune fille qui conduit un cotillon avec tant de grâce et de gaieté n'en est pas moins une véritable savante ; elle en remontrerait à la plupart de ses danseurs. Et cela sans nullement constituer une exception.

Chez les travailleurs manuels, à la ville et à la campagne, la femme est, en général, l'élément instruit et dirigeant du couple ; elle a été à l'école beaucoup plus longtemps que son mari, et celui-ci la laisse mener le ménage, faire les comptes, éduquer les enfants, quitte à, parfois, prendre sa grosse voix, afin de se persuader qu'après tout « c'est lui le maître ».

Dans le bas peuple, il est nettement inférieur à sa compagne, n'étant trop souvent qu'une brute alcoolique et illettrée, alors que parmi les coups, les difficultés sans nombre, elle arrive à joindre les deux bouts, à faire vivre les petits, à tenir l'intérieur, grâce à des miracles de patience et d'économie ; elle est bien « la conscience du logis »...

Pas plus qu'ailleurs, on ne trouvera chez les ouvriers et les paysans des preuves de l'infériorité intellectuelle de la femme.

« Pourtant, je sais des femmes qui... »

Votre mémoire vous montre des exemples d'épouses honteusement inférieures à leur mari ? Mais elle vous montre aussi des exemples contraires, en non moins grand nombre ! Une telle est une courtisane ? Un tel ne dépasse-t-il pas M. Alphonse ! La sottise de Mme X. est incurable ? Mais M. Z. vous paraît moins intelligent encore ! Et Mme D., cette lamentable poupée moderne, ne trouve-t-elle pas en M. E., ce pilier des grands bars, son exact équivalent ?... La femme du fruitier est une ridicule commère qui obstinément potine ? Les interminables manilles du boucher, au café du coin, vous semblent-elles plus intellectuelles ?...

Si elles sont loyales, les constatations directes qui sont à la portée de chacun ne contredisent en rien la théorie féministe... Mais, en les faisant, *redoutez l'influence inconsciente du préjugé antique !*

Et songez qu'il n'est pas question d'*égalité* entre les sexes, mais d'*équivalence* !
Et n'oubliez pas que si l'homme a atteint son plein développement, la femme se trouve – c'est incontesté – en une période de croissance rapide ! Son présent est magnifiquement supérieur à l'opinion qu'en ont les inattentifs. Et son futur resplendit…

« Malgré tous les progrès qu'elle a accomplis ou qu'elle accomplira, la femme sera toujours infériorisée par ses indispositions périodiques. »

Un alexandrin, célèbre parce qu'il formule harmonieusement une banalité courante, dit : la femme, enfant malade et douze fois impur ! Pourtant, nous l'avons montré, elle vit plus longtemps que l'homme et est, à certains égards, plus finement organisée que lui. Mais laissons les statistiques.
La majorité des femmes travaillent. Et tant qu'elles travaillent, nul ne se demande si cette régulière « impureté » ne les gêne pas. Mais qu'elles réclament leurs droits, oh ! alors, on les accable d'une méprisante sollicitude : « Impossible ! Vous savez bien que vos règles vous infériorisent ! Dans votre intérêt même, n'insistez pas ! »
D'abord, cette fonction ne s'oppose à aucune des

revendications féministes. Pourquoi, par exemple, empêcherait-elle la femme d'être électrice et éligible ? Se tenir au courant des faits sociaux de la politique, et tous les deux ans, en moyenne, déposer un bulletin dans l'urne, est-ce si fatigant ?... Exige-t-on d'un homme avant de recevoir son vote la preuve qu'il n'est ni malade, ni gâteux, ni pris de boisson ?

Lorsqu'elles sont « indisposées », les doctoresses tuent-elles pour cela leurs malades ? Les avocates bredouillent-elles ? Les femmes journalistes ratent-elles leur article ? Les employées se trompent-elles dans leurs additions ? Les couturières prennent-elles la doublure pour l'étoffe ? Les ouvrières des usines cessent-elles ou font-elles moins bien leur écrasant labeur ?

Cette misère périodique ne semble pas les inférioriser dans leur profession. Certaines soupirent beaucoup et aimeraient mieux, à ces instants-là, être dans leur lit. D'autres montrent une certaine nervosité. Mais quand donc, au théâtre, à l'usine, au magasin, etc., cet état spécial les prive-t-il de leur lucidité intellectuelle et est-il présenté comme excuse pour un travail mal fait ? Elles endurent plutôt bien leurs douleurs et leurs nerfs !

Et dégrève-t-on de l'impôt le sexe « faible » en raison de cette fameuse « infériorité physiologique » qui, d'autre part, n'a jamais été considérée par les tribunaux comme une excuse valable vis-à-vis d'un délit ?

Dans les administrations, les employées sont, selon l'affirmation de la statistique, *moins fréquemment absentes pour cause de maladie que les employés* ! La travailleuse s'habitue vite – il le faut bien ! – à supporter ces deux à quatre jours « d'infériorité physiologique » – dont l'oisive bourgeoise se plaint si bruyamment.

D'autre part, la femme trouve dans cette période une assurance relative de santé. Elle est moins sensible que l'homme à la contagion et aux effets de ces demi-maladies, influenzas, grippes, etc., qui abattent facilement le plus robuste gaillard.

« Son extravagante coquetterie la rend moralement inférieure. »

« Comment s'étonner de sa coquetterie puisque, au long des siècles, elle n'a guère été considérée que dans son sexe ? Ménagère ou courtisane ! Sexe avec tendresse, sagesse, discrétion, pudeur, fidélité, ordre, vie d'intérieur, et c'est l'épouse : ou sexe avec luxe et luxure, faste charnel, ostentation vaniteuse, rouerie, élégance, excitations sensuelles, attirances, rosseries, et c'est la courtisane. Pour l'enfantement ou pour l'amour, c'est la personne d'un même organe ; fileuse

de laine ou porteuse de gemmes, la femme n'est rien que par lui[31]. »

Ne pouvant subsister que comme ouvrière charnelle, il est parfaitement simple que la femme *n'ait guère cherché à développer d'autres facultés*, mais ait excellé dans l'art de plaire et passionnément ourdi la conquête du mâle, qu'elle soit arrivée à un état suraigu de féminité, de fascination, de rayonnement sexuel – près duquel l'habileté masculine est dérisoire.
L'homme s'en plaint ? Pourquoi s'obstine-t-il depuis si longtemps à ne considérer sa compagne que comme une machine à plaisir ou à reproduction ? Pourquoi, lorsqu'elle veut agir, penser, être libre, son premier mouvement est-il de la renvoyer à la cuisine, au salon ou à l'alcôve ?
Divers physiologues, Lombroso notamment, ont cherché les origines de ce qu'ils nomment *la dissimulation féminine* :

« *La faiblesse musculaire de la femme la contraignit à la ruse pendant les siècles de force. Elle doit feindre, jusqu'au plus tardif mariage, d'ignorer le mécanisme de la reproduction. Elle s'habitue au mensonge grâce à ceux qu'on lui fait pendant ses jeunes ans sur les choses de la vie selon la pudique coutume ou pour la décider*

SON EXTRAVAGANTE COQUETTERIE L'INFÉRIORISE MORALEMENT

à obéir par crainte, et surtout grâce à ceux qu'ensuite elle fait encore à ses enfants[32]. »

Et la « sélection sexuelle », dont elle dépend encore tant, porte la principale responsabilité en l'obligeant, pour être épousée, à dissimuler sans cesse (accidents périodiques, défauts corporels, âge, émotions, amour même, etc.), à se modeler selon l'idéal de l'Homme ou d'un homme, à se rendre intéressante, quelquefois par de raffinés « cabotinages » pour donner à celui-ci envie de la protéger, etc., etc.
Les résultats ont-ils été aussi fâcheux que Lombroso a bien voulu le dire ? La *coquetterie*, la *dissimulation* – employez le terme que vous voudrez ! – ne trouve-t-elle pas dans *la brutalité masculine* un équivalent regrettable et *plus inné* : en effet, remarquons-le, aucune des origines ci-dessus assignées par des misogynes à une tare féminine n'est fondamentale, ne fait nécessairement partie de la femme, comme, par exemple, l'instinct de la pudeur ou celui de la tendresse maternelle. Si tare, il y a, elle est *acquise* plutôt que *naturelle.*
Qu'économiquement la femme ne dépende pas plus de l'homme qu'il ne dépend d'elle, et cela change ! Elle n'a plus alors, pour *unique* moyen d'existence, l'amour. Elle n'est donc plus contrainte à l'usage *incessant* de cette coquetterie qu'on lui reproche tant et qui était sa seule arme. Libérée de

son esclavage sexuel, elle a, vis-à-vis de l'homme, une attitude plus franche, plus digne – la même qu'ont déjà beaucoup des présentes jeunes filles instruites, conscientes et travaillant. « Marguerite ira toujours vers Faust, mais d'une parole ferme, d'un regard que les bijoux n'hypnotisent plus, elle chassera Méphistophélès, père de ses rancunes et des folies de l'ancien couple[33]. »

« La recherche de la paternité, que plusieurs groupements féministes inscrivent à leur programme, ne peut donner de résultats sérieux et elle occasionnera d'innombrables chantages. »

Pour poser semblable objection, il faut ignorer les termes des divers projets de loi qui existent à cet égard.
Si la recherche de la paternité n'est pas toujours possible, elle est souvent très facile, par exemple lorsque existent de nombreuses preuves écrites, signées du père ; pourtant, même en des cas aussi nets – qui sont nombreux –, la loi ne permet point de prendre en considération les doléances de la mère, et cela contrairement à ce qui a lieu en d'autres pays.

En ce moment, séduire une jeune fille, cohabiter avec elle, la munir de plusieurs enfants, puis l'abandonner est un crime impunissable. S'il se passe sur la scène, il soulève toujours la plus vive indignation. « Bandit ! » hurlent les galeries supérieures. Dans la vie, on laisse ce bandit bien tranquille. « Elle n'avait qu'à ne pas céder », dit-on.
(*À l'instant où ces lignes vont paraître, le Sénat va voter la recherche de la paternité. Le projet de loi est timide. Mais l'admission seule du principe constituera un progrès considérable*).

« Il y a eu d'innombrables grands hommes, et fort peu de "grandes femmes." »

Tout d'abord, le nombre des grandes femmes est considérable. Et il apparaît inouï, si on le rapproche des conditions d'asservissement intellectuel et social dans lesquelles, depuis des siècles, l'homme tient sa compagne. Une Sophie Germain, une Anne Dacier semblent des miracles. Comment ces plantes admirables purent-elles jaillir et se développer, dans la pénombre, sans air, sans soins, sur un terrain hostile à toute floraison féminine ! Quelle devait être la puissance de leur génie pour qu'il ait pu triompher de l'exemple héréditaire donné par les autres

femmes, des obstacles accumulés par les hommes, de l'opinion ambiante, et d'obstacles sans nombre et apparemment insurmontables ?
Combien qui auraient pu briller furent étouffées, écrasées, par ce « handicap ». Faut-il leur en faire un reproche, à elles et à leur sexe ?...
Avant 1789, on l'a souvent dit, il était bien difficile aussi à un homme du peuple de développer et d'employer utilement les capacités intellectuelles qu'il pouvait posséder ; il fallait, pour qu'il y parvînt, un ensemble de protections et de circonstances spéciales.
Combien fussent devenus de « grands hommes » ou simplement des individus de premier ordre, s'ils avaient eu accès au lycée et aux carrières hautes ? Même aujourd'hui, une partie seulement du peuple peut prétendre au développement intégral !
La femme a atteint au génie moins souvent que l'homme, mais elle avait à surmonter des obstacles infiniment plus considérables que lui. Et elle y atteignit assez souvent pour montrer que le génie n'a pas de sexe.

> *« Oui, la femme n'a produit jusqu'à présent ni un Descartes ni un Newton. Est-ce à dire qu'il n'est pas né sur notre globe des femmes ayant une capacité mentale égale à celle de ces deux grands esprits. Qui oserait l'affirmer ? Il faut distinguer entre les actes*

et les virtualités. Descartes et Newton sont le produit de deux facteurs : leurs capacités individuelles et l'ensemble des circonstances sociales qui ont favorisé ces capacités. Si Descartes et Newton, étant enfants en bas âge, avaient été enlevés par des pirates barbaresques, s'ils avaient été élevés à Alger et s'ils y avaient passé leur existence, Descartes n'aurait jamais écrit le Discours sur la méthode *et Newton les* Principes mathématiques de la philosophie naturelle. *Cependant les cerveaux de Descartes et de Newton eussent été les mêmes. Ils auraient contenu une puissance virtuelle identique.*

Ce raisonnement s'applique à la femme. Qui sait combien il en est né dans la période historique qui avaient des facultés hors ligne, égales à celles des hommes les plus remarquables ? Mais ces facultés ne se sont pas développées. Et je ne parle pas ici seulement de l'instruction, mais de l'ensemble des conditions sociales faites à la femme. Il se peut, par exemple, qu'il soit né dans la Grèce antique des jeunes filles avec un cerveau égal à celui d'Aristote comme puissance virtuelle. Mais ces jeunes filles, enfermées dans les gynécées depuis l'âge le plus tendre, ont été mises dans une voie qui les privait même de la conscience de leurs capacités.

"Il y avait quelque chose là", a dit André Chénier, en

IL Y A EU D'INNOMBRABLES GRANDS HOMMES, ET FORT PEU DE GRANDES FEMMES.

se frappant le front lorsqu'il montait à la guillotine. Mais quand il prononçait ces paroles, il avait déjà fait ses preuves. Combien il y a eu probablement de femmes de génie dans le monde, placées dans des circonstances telles qu'elles n'ont jamais même entrevu qu'elles avaient quelque chose dans le cerveau[34] *?* »

Mme Marguerite Durand a montré avec insistance combien peu l'éducation courante est faite pour développer l'initiative chez les jeunes filles.

« Les femmes n'ont compté parmi elles, ni un Napoléon, ni un Shakespeare, ni un Raphaël, ni un Michel Ange. » Cela est bien fâcheux pour elles, car on le leur reproche souvent ! Des hommes, qui n'ont d'ailleurs personnellement aucune ressemblance avec ces types uniques dans leur genre, se servent journellement de ces exemples pour proclamer l'infériorité des femmes et leur propre supériorité ! Étant donné les conditions déprimantes de l'éducation des femmes, ce reproche équivaut à celui que l'on pourrait faire en reprochant à un cheval entravé, claustré dès sa naissance, de ne point avoir les performances d'un cheval de course, à l'entraînement dès sa première année.
Nous n'avons eu ni un Napoléon, ni un Shakespeare, ni un Raphaël, c'est entendu ; mais, dans toutes les

branches des arts, des sciences, de la politique même, des femmes ont occupé, de tout temps, des places prépondérantes.

Je vous entends bien dire : « Si cela était, cela se saurait. » Eh bien cela est et si on l'ignore il faut en accuser d'abord l'instruction, l'étroit esprit clérical qui a pesé sur l'instruction donnée depuis des siècles à la jeunesse française, et qui règne encore sur les programmes de l'enseignement moderne.

Est-ce aux jeunes garçons que l'on tenait, presque dès le berceau, à mettre en défiance contre la femme, à convaincre de la supériorité de leur sexe, que l'on aurait cité en exemple des femmes vraiment supérieures ?... Est-ce aux jeunes filles qu'il fallait inciter, d'abord, à la pratique des vertus chrétiennes, d'humilité, de modestie, d'abnégation, que l'on devait citer tant d'héroïnes échappées, pour le grand bien de l'humanité, à la gloire obscure du foyer ?... Aux jeunes filles on parle de Jeanne d'Arc ; cela, c'est sans danger, l'exemple de la bonne Lorraine est aujourd'hui impossible à suivre. Nos bourgeoises demoiselles ne sauraient renouveler ses prouesses guerrières. L'exemple de Jeanne d'Arc est sans danger pour les familles.

De même, celui de Sémiramis, réformatrice et organisatrice remarquable, mais que les jeunes filles de ma génération n'ont connue que par ses jardins suspendus.

L'admirable Cléopâtre était, selon nos livres de classe, une femme dangereuse, une coquette, une dépensière qui gâchait des perles dans du vinaigre et mourut piquée par un serpent. Depuis que le grand historien Ferrero, a appris à beaucoup de gens qu'Antoine épousa légitimement Cléopâtre et même que ce mariage fut pour les deux époux l'un de ces mariages d'intérêt chers à la bourgeoisie moderne, on se décidera peut-être à apprendre enfin aux jeunes filles l'histoire de cette merveilleuse politique et diplomate que fut la reine d'Égypte, que fut la légitime « Mme Antoine ». Les éducatrices bien pensantes parlaient de mon temps, à leurs élèves, de Blanche de Castille, sainte mère d'un saint roi. Elles insistaient peu sur Catherine de Médicis, régente aussi forte et aussi adroite qu'aucun roi, qui consultait les astres, courait, la nuit, masquée, les ruelles sombres… tout cela c'est de la politique et ce n'est pas pour les jeunes filles.

Mais, dire la cruauté d'Élisabeth d'Angleterre et taire toutes ses hautes qualités de chef d'État, glisser rapidement sur Catherine la Grande qui eut des amants, pleurer sur Marie-Antoinette, larmoyer les « adieux » de Marie Stuart, « bêler » les poésies de Mme Deshoulières comme modèle de littérature féminine, oh ! cela a toujours été de bon ton.

Or à l'exception des femmes que je viens de citer, en

est-il d'autres dont l'on ait enseigné l'histoire réelle aux jeunes filles de nos générations ?
Les modèles qu'on leur proposait n'étaient que de résignation, de faiblesse voire de sottise. Et on leur reproche de manquer quelquefois, dans la vie, d'initiative ou de combativité ! Comment en serait-il autrement… »

Et écoutez Alexandre Dumas fils :

« – Quel inconvénient verriez-vous à ce que Mme de Sévigné votât, tout comme son jardinier ?
– Mais Mme de Sévigné est une exception et on ne modifie pas les coutumes, les idées et les lois de tout un pays pour une exception.
– Et sa grand-mère, Mme de Chantal ? Et Mme de La Fayette ? Et Mme de Maintenon ? Et Mme Dacier ? Et Mme Guyon ? Et Mme de Longueville ? Et Mme du Châtelet ? Et Mme de Deffand ? Et Mme de Staël ? Et Mme Rolland ? Et Mme Sand ?
– Toujours des exceptions.
– Un sexe qui fournit de pareilles exceptions a bien conquis le droit de donner son avis sur la nomination des maires, des conseillers municipaux et même des députés. Mais les exceptions ne s'arrêtent pas là.

Et Anne de Beaujeu, et la bonne reine Anne, et Blanche de Castille, et Élisabeth de Hongrie, et Élisabeth d'Angleterre, et Catherine la Grande, et Marie-Thérèse.
– C'étaient des reines.
– Cela ne change pas leur sexe et, si elles ont régné comme elles l'ont fait, elles ont prouvé qu'elles pouvaient régner par l'intelligence et l'énergie aussi bien que les hommes. Jamais on ne me fera croire que des femmes qui peuvent être reines comme celles-là, malgré leur sexe, ne puissent pas être électeurs à cause de leur sexe.
– Mais, enfin, il n'y a pas que ces femmes-là ; il y a la masse des femmes, n'ayant aucune idée et aucun sens de la politique et du gouvernement.
– Sens peu difficile à acquérir, si j'en juge par les hommes qui prétendent l'avoir. En effet, il y a la masse des femmes, c'est-à-dire toutes celles dont tous les hommes distingués disent : "Ma mère était la plus intelligente et la plus honnête des femmes ; sans elle je ne serais pas ce que je suis." Je ne sais pas pourquoi tant de femmes obscures, mais honnêtes et intelligentes, ne voteraient pas aussi justement que tous les gredins et imbéciles de l'autre sexe[35]. »

« En résumé, vous désirez l'asservissement des hommes aux femmes. »

Nullement. Le féminisme n'est pas l'anti-masculinisme. Nous ne voulons pas substituer une tyrannie à une autre. Nous demandons simplement une égalité complète de droits entre les sexes.

« Pourquoi les femmes seraient-elles éligibles et électrices ? »

Tout homme a ses droits politiques, même si, illettré, il ne peut lire son bulletin de vote, même s'il est notoirement atteint de démence. Le fait qu'une doctoresse, une avocate, une « professeur » de Sorbonne ou de lycée, ne les a pas, constitue une des plus graves injustices sociales de cette époque, injustice d'autant plus inaperçue de la foule qu'elle est invétérée, fondamentale…

> *« Cet ignorant qui ne sait ni lire, ni écrire, si incapable de distinguer sa droite de sa gauche qu'au régiment ses chefs feront garnir différemment ses deux sabots, et que les mouvements s'exécuteront au commandement : "Paille ! Foin ! Paille ! Foin !", cet ignorant*

est électeur... Ce butor qui assomme ses chevaux à coups de fouet, sans discernement, sans pitié, sans même le souci de son intérêt, qui distribue à tort et à travers l'injustice et la souffrance, ce butor est électeur... Ce pochard qui ne désemplit pas, de l'aube au crépuscule et du soir au matin, ce semblant d'homme, aviné, hoqueteux, baveux, ayant laissé sa raison au fond du premier verre, tellement il est intoxiqué, tantôt ricochant d'un mur à l'autre et tantôt vautré dans ses déjections, ce pochard est électeur... Électeur encore, ce fainéant qui se fait nourrir par sa femme, et cet apache qui vit de la fille. Électeur, ce gâteux qui s'usa les moelles en de sales noces ; électeur, ce demi-fou et ce fou prétendu guéri. Électeur enfin l'imbécile, maître du monde ! Mais la femme, réputée inférieure à tous ceux-là n'a d'emploi que comme contribuable, qu'un devoir : celui de payer, qu'un droit : celui de se taire[36]. »

D'ailleurs, ce développement n'oppose aux représentantes de l'élite féminine ces regrettables électeurs mâles que pour mettre mieux la thèse en lumière. Car, considérées dans leur ensemble, les femmes ont exactement les mêmes raisons que l'homme de prétendre aux droits politiques et rien, sauf le préjugé, ne s'oppose à ce qu'elles les aient.

Elles paient l'impôt, direct et indirect – mais n'ont rien à voir dans l'établissement de cet impôt. Elles

se soumettent aux lois – mais n'ont rien à voir dans l'élaboration de ces lois, même si ces lois les concernent spécialement, elles ou leurs enfants.
Ce sont des hommes qui décident et qui ne sont pas leurs mandataires puisqu'elles n'ont pas collaboré à leur élection. Alors que, dans la vie quotidienne, on les juge si souvent « de bon conseil », on cesse de les considérer comme des êtres pensants dès qu'il s'agit des affaires publiques !
Est-ce les considérer comme des Françaises que leur refuser tout droit de s'occuper des affaires de la France ?...
Même, j'y insiste, quand ces affaires les concernent directement, elles ou leurs enfants, elles n'ont pas plus voix à la Chambre que le bétail lorsqu'il s'agit d'agriculture !
Les travailleurs peuvent grâce au bulletin de vote exprimer, s'il y a lieu, leur mécontentement. Les travailleuses les plus exploitées n'ont pas cette défense élémentaire !
De quel droit cette disqualification d'un sexe ?

> *« L'égalité des sexes est-elle une notion fausse, ou a-t-elle la plus grosse part de vérité ? Ce qu'on peut en dire, c'est qu'elle n'est pas plus erronée que la notion de l'égalité des hommes, qui est la base des constitutions politiques modernes. Quelles différences de valeur intellectuelle, d'utilité sociale entre*

un homme instruit et un incompétent, entre un esprit intelligent et un cerveau débile ! Et cependant, ils ont tous les mêmes droits. Or, les plus opposés à l'extension des droits des femmes n'oseraient pas soutenir qu'il y ait plus de différence, sous le rapport physique, intellectuel et moral entre un homme et une femme moyens qu'entre un homme supérieur et un imbécile[37]. »

« Alors vous trouvez que la femme n'a pas assez à faire dans son ménage et vous voulez qu'elle s'occupe encore de politique ? »

D'abord, la politique ce n'est pas un ramassis de discussions sans importance et dont une bonne mère de famille doit se désintéresser puisque c'est la guerre ou la paix, la faillite ou la prospérité du pays, sa gloire ou sa déchéance, puisque c'est l'éducation des enfants, les soins donnés aux malades, le sort des pauvres, des vieillards et cent questions aussi graves. Et vous souhaitez que la femme s'en désintéresse ? La femme instruite et consciente d'aujourd'hui ? Qu'elle prenne comme tour d'ivoire, la mondaine, son salon, la ménagère, sa cuisine, la travailleuse, son atelier, et qu'elle s'y cloître, en candide ignorance de

tout ce qui intéresse son pays, sa famille, son foyer et elle-même ?…
Et la politique n'est pas si absorbante – à moins qu'on ne s'y spécialise – pour que la femme ne puisse s'en occuper en dehors de son ménage comme l'homme le fait en dehors de son travail. Se tenir au courant des idées, des faits, des gens, assister occasionnellement à quelque réunion publique et déposer en moyenne tous les deux ans un bulletin dans une urne n'est pas une terrible sujétion !
Et l'on a souvent fait remarquer que là où la femme vote, en Nouvelle-Zélande, en Australie, dans les quatre États d'Amérique, les ménages et les enfants sont *mieux* tenus qu'en d'autres pays. Rien d'étonnant à cela : l'hygiène de la demeure et l'hygiène infantile sont ardemment propagées par tous les groupes féministes.
Notez encore que la femme a toutes les qualités nécessaires à la politique comme à la diplomatie ; certains antiféministes voient même dans ce fait incontesté un argument à leur thèse, ces qualités étant selon eux très basses…

« Quelle utilité la femme trouvera-t-elle à devenir une "citoyenne" ? »

Tant que la femme n'aura pas sa franchise politique, tant qu'elle devra s'en remettre à la générosité de

l'homme, elle n'obtiendra pas réparation des plus importantes injustices qui l'accablent ; on ne lui fera que de minimes concessions.
Ah ! du jour où les députés sortants auront, pour retourner au Parlement, à solliciter non plus seulement le suffrage des électeurs, mais aussi celui des électrices, il n'en sera plus de même !
On lui offrira, avec des révérences, ce qu'on lui refuse aujourd'hui avec des ricanements.
Pour tout ce qui est des affaires de l'État, la femme doit s'en remettre à l'intermédiaire, au *bon plaisir* de l'homme, qui s'improvise son mandataire et qui a, par conséquent, à être juge et partie chaque fois que ses intérêts à lui s'opposent – et c'est fréquent ! – à ceux de la femme ! Personne ne prétendrait que celle-ci n'est pas monstrueusement infériorisée par « l'arsenal de nos lois » ; comment en serait-il autrement, puisqu'elle n'a jamais pu qu'assister, passive, à leur élaboration, et que même ceux qui constatent combien ces lois sont injustes pour elle lui refusent pourtant le moyen de les modifier, c'est-à-dire le bulletin de vote – et cela au nom des plus antiques préjugés. Écoutez Gladstone :

> *« Je reconnais que les législateurs ont été des gardiens infidèles des droits de la femme. Je reconnais aussi qu'on ne lui rend pas la justice qu'elle mérite : mais nous ne pourrions changer cela sans lui faire aban-*

donner la délicatesse, la pureté, le raffinement, l'élévation, qui constituent son pouvoir actuel !!! » C'est dire à une prisonnière : « Vous êtes injustement en prison, je le reconnais ; je vous y laisse pourtant, parce que je trouve que les chaînes vous vont bien... » Et pourquoi le fait d'être électrices et éligibles enlèverait-il aux femmes leur pureté, leur raffinement, leur élévation ?... Mystère ! Et les bravos qui accueillirent cette déclaration candidement cynique étaient l'expression instinctive du plus ancien misogynisme militaire, celui qui vient « du temps où sur terre les arguments étaient des haches tourbillonnant autour des têtes et où un extra-poids de quelques dizaines de kilos constituait l'éclatante supériorité de l'homme[38]. »

Écoutez M. F.W. Pethick-Lawrence exposer la question au point de vue anglais :

« Les femmes réclament le vote pour deux raisons essentielles : d'abord, afin de pouvoir jouer un rôle dans la vie de la Nation et introduire leur façon de voir, si longtemps dédaignée, dans le gouvernement, et ensuite, afin de sauvegarder leurs intérêts. Les femmes, on l'a dit, excellent dans le soin de toutes les choses vivantes, elles représentent le point de vue humain ; c'est une femme qui réforma merveilleusement la façon

de soigner les blessés sur le champ de bataille ; c'est une femme qui apporta dans nos cachots moyenâgeux les quelques traces d'humanité qu'ils possèdent ; c'est une femme qui, par ses écrits, contribua largement à l'abolition de l'esclavage en Amérique.
Les hommes croient avoir raison de se passer des femmes en ce qui concerne le gouvernement et l'administration du pays, mais c'est là une suffisance, aussi arrogante et ridicule que celle d'un père qui croirait pouvoir annuler toute l'influence de l'épouse et de la mère dans la maison… Considérez quelques-unes des questions que le Parlement examine : vers quelle classe sociale, sur quels individus, les impôts seront-ils dirigés ?… Concerneront-ils le pain, la viande, le thé, le tabac ? Les grands revenus, les terres ? Et en quelle proportion ?… Qu'enseignera-t-on aux enfants à l'école ?… Jusqu'à quel âge y resteront-ils ? Quelles mesures compte-t-on prendre pour restreindre la mortalité infantile ?… Quand sera réglementé le travail des femmes dans l'industrie ?… Et celui des apprentis et apprenties ?… Il y a ainsi une multitude de questions affectant intimement la vie des hommes, des femmes et des enfants, que les hommes ont essayé de régler à eux tout seuls. Leurs efforts, on le sait, ont complètement échoué. Une grande partie de notre population vit dans une pauvreté abjecte ; les travail-

leurs et les travailleuses – particulièrement les travailleuses – sont si terriblement exploités, que pour un labeur incessant, ils ne gagnent pas de quoi vivre. La mortalité infantile est de plus en plus inquiétante ; la loi des pauvres est insuffisante ; nos prisons sont des universités de criminels.

Les femmes "ressentent" profondément tous ces problèmes et quand elles auront le vote, les candidats des différents partis politiques auront à inscrire les solutions possibles en tête de leur programme. Ceux qui retourneront au Parlement seront soigneusement observés, eux et leur parti politique ; et si leurs actions ne sont pas conformes à leurs promesses, ils perdront leur siège. »

Et écoutez aussi Mme Hubertine Auclert, la grande « suffragette », de la première heure :

« La collectivité des hommes et des femmes a les mêmes intérêts sociaux et politiques. Pourquoi l'homme s'est-il arrogé à lui seul le privilège de faire les lois ? Se croit-il un roi infaillible ? Vous riez beaucoup, messieurs les libres-penseurs, vous riez beaucoup du pape infaillible ; mais dans la vie présente, vous tous, vous êtes des papes infaillibles. Vous nous obligez, nous, la moitié de l'humanité, et cela, sous peine de condamnation, à nous soumettre sans

examen, sans discussion, aux lois que vous nous faites. Il est évident que vous n'êtes pas susceptibles de vous tromper, il est évident que vous êtes infaillibles, puisque, en dépit du bon sens et de la raison, vous prenez sur vous de gouverner l'humanité, et pour ce, vous avez institué un suffrage auquel vous avez donné un nom mensonger : un suffrage qui se permet d'exclure des listes électorales neuf millions de femmes est un suffrage singulièrement restreint pour s'appeler universel. »

« Je nie que la femme soit déjà l'équivalente de l'homme. Je constate ses progrès. Je crois à son avenir. Mais avant de lui donner le bulletin de vote, nous devons attendre qu'elle ait atteint son complet développement. »

Tous ceux qui se sont spécialisés dans cette question affirment que la femme est intellectuellement l'équivalente de l'homme. Ce qui lui manque encore, c'est l'habitude de l'indépendance et des responsabilités. Elle n'aura son équilibre définitif, elle ne se développera tout à fait, que grâce au définitif affranchissement que représente le bulletin de vote. Qu'elle accroisse, même considé-

rablement, sa force mentale par l'étude, et sa santé physique par les sports, il en résultera pour elle de nouveaux progrès, mais elle ne connaîtra son épanouissement total que *sous l'influence de la liberté*. Cette obligatoire protection masculine l'anémie. Deux comparaisons prises à la vie quotidienne : on ne devient un nageur qu'en s'aventurant en pleine eau profonde, tout soutien abandonné ; et l'étudiant ne « prend du sérieux » que lorsqu'il doit vivre à ses risques et périls.
La liberté restituera à l'esclave femme son prestige, lui ouvrira un champ d'action et de pensée immense. Responsable, elle sera grave dans la décision. Comment cesserait-elle d'être quelquefois un peu puérile si elle ne peut agir que par l'intermédiaire de l'homme et si les conséquences de ses actes ne concernent que lui ?

Avant 1789, le peuple était considéré et traité par les autres classes comme la femme l'est actuellement par l'homme. Et même, il n'atteignit son plein développement intellectuel, il n'acquit le sens social, il ne progressa jusqu'à fournir à l'élite un si grand contingent, que plus tard, que lorsqu'il eut le suffrage universel. La liberté est miraculeusement fécondante, c'est elle, elle seule, qui fait accomplir à l'être humain la dernière étape vers l'épanouissement intégral de soi.

Les forces qui sont virtuellement dans la femme et qu'on laisse inemployées seraient précieuses pour notre patrie. La valeur internationale des pays où notre compagne possède, depuis peu d'années pourtant, ses droits politiques, a nettement *augmenté*, – c'est là un fait qu'un illustre homme d'État anglais, notoirement antiféministe d'ailleurs, a dû reconnaître. Or, jamais la compétition entre les peuples ne fut aussi âpre – et nous laissons des forces immenses sommeiller dans notre race !
Et de la femme, instruite, rénovée et grandie par la liberté, vivant en de meilleures conditions d'hygiène et de travail, grâce aux mesures qu'elle saura imposer au Parlement et aux gouvernants, il naîtra des enfants semblables à elle et qu'elle éduquera selon un idéal bien plus haut qu'aujourd'hui.
… Les droits politiques de la femme vaudront à celle-ci la suppression de son abominable asservissement actuel ; à l'homme, une compagne supérieure et une collaboratrice clairvoyante, dévouée, dans les affaires publiques ; à la patrie, des ressources puissantes ; à la race, une admirable régénération.

« La mise au monde et l'éducation des enfants occupent trop la femme pour qu'elle ait le temps d'exercer ses droits politiques. »

Cette objection est presque toujours présentée par des mondaines qui n'ont jamais eu d'enfants et qui vraisemblablement n'en auront jamais !
Chaque fois que la femme sollicite un droit, on commence toujours par le lui refuser au nom de ses fonctions maternelles ! Lorsque, par exemple, il s'est agi pour elle du droit à l'instruction secondaire, on prétendit que l'algèbre, la philosophie et les lettres anciennes l'empêcheraient irrésistiblement de soigner ses enfants et même de les mettre au monde. (Relisez le discours de M. de la Bassetière à la Chambre, lors de la création des lycées de jeunes filles !) Le droit au travail lui est souvent marchandé pour la même raison ; qu'elle meure de faim s'il le faut, mais à cause de ses enfants, de son mari, de son ménage, qu'elle ne travaille pas – même si elle n'a pas d'enfants, même si elle est célibataire ou veuve… *Oisive ou stérile*, tel semble son destin – alors qu'au contraire, je le répète, c'est surtout la travailleuse qui est une épouse féconde et une mère admirable !
Et dispense-t-on de l'impôt les femmes qui ont des enfants ?

Donc, « elle n'aura pas le temps d'exercer ses droits politiques ». S'agit-il du vote lui-même ?... Déposer, environ tous les deux ans, un bulletin dans une « urne » qui se trouve toujours à proximité est une bien petite dépense de temps, avouera-t-on, à moins que l'on ne respecte les deux vieux dictons : « La femme, le chien et la cheminée, ne doivent jamais quitter la maison », et « La femme ne doit quitter la demeure que trois fois dans sa vie, pour son baptême, pour son mariage, pour ses obsèques » !

« Et que dites-vous de la réflexion nécessaire au vote ? »

Rien encore d'incompatible avec les soins du foyer ! J'ai déjà montré que les femmes *ne doivent pas* dédaigner la politique et que celles qui disent : « Il faut laisser ces discussions-là aux hommes » trahissent inconsciemment mais gravement leurs propres intérêts et ceux de leurs enfants ; d'ailleurs, quand, émancipées, elles pourront, grâce au vote, modifier leur destin, elles ne parleront plus ainsi, croyez-le bien ; les jours de scrutin, il y aura peu d'abstentions féminines !

Se tenir au courant du mouvement social, savoir ce que préparent ou accomplissent la Chambre, le Sénat, les Conseils municipaux, n'exige pas un

LE MANQUE DE FORCE EST TOUJOURS UNE INFÉRIORITÉ,
ET LA FEMME EST
INDÉNIABLEMENT PLUS FAIBLE QUE L'HOMME.

temps considérable, loin de là ; il suffit de lire les journaux et de réfléchir !

Du moins, les hommes n'en font-ils pas davantage !.... Se plaignent-ils de ce que l'exercice de leurs droits politiques les contraint à négliger leur travail ?

Les mères les plus profondément consciencieuses trouvent le temps de parcourir les gazettes ; au lieu de s'en tenir au feuilleton, elles liront des rubriques plus graves ; et ne croyez pas qu'elles les trouveront *trop* graves ! Elles ne les dédaignent aujourd'hui que parce qu'elles ne peuvent jouer aucun rôle dans les débats qu'elles relatent. Elles causeront aussi, entre elles ou en compagnie mixte, des affaires du pays, pour s'éclairer, pour créer ou affermir leur opinion, et cela vaudra bien les commérages qui sévissent aujourd'hui dans la « bonne société » comme dans le peuple.

Cela demandera-t-il tellement de temps ?... Et peut-on affirmer sans rire que l'exercice de leurs droits politiques contraindra les femmes à négliger époux, bébés et ménage ?... On croirait que vingt-quatre heures sur vingt-quatre, elles se consacrent exclusivement, riches ou pauvres, à leur foyer ! Même l'Henriette des *Femmes savantes* ne serait pas si assidue ! Les occupations de la demeure ont diminué depuis Molière : l'épouse ne tisse plus les vêtements, ne fait plus le linge et ne va plus à la

fontaine ; l'eau, le gaz, l'électricité sont de fidèles serviteurs ; des spécialistes ont attiré au dehors la plupart des travaux domestiques de jadis...
D'ailleurs, celles qui trouveront trop lourds ces droits, n'auront qu'à ne pas les employer, conformément à l'exemple actuel de beaucoup d'hommes ; mais elles seront bien rares celles-là !

« Vous ne pouvez prétendre qu'une "députée" aurait grand temps à consacrer à ses enfants ! »

Les politiciennes de carrière ? Combien seront-elles ? Candidates, quelques centaines, au plus. Élues ? Ne soyons pas trop optimistes : dans les premiers parlements mixtes, les femmes constitueront une petite minorité. Je ne les vois pas bien, certes, ravaudant les chaussettes de leur mari, ces fameuses chaussettes dont se préoccupent tant les antiféministes ! Mais, ces spécialistes mêmes ne seront pas occupées davantage et autrement que bien des travailleuses d'aujourd'hui : femmes de lettres, artistes dramatiques, avocates, doctoresses, peintres, etc., qui, pour la plupart, sont mariées et excellentes mères de famille, sans parler des marchandes de quatre saisons, voyageuses de commerce, ouvrières de fabrique, plieuses, relieuses, etc., qui fournissent une plus

forte quantité de travail que le député « ordinaire » et élèvent pourtant des nichées de mioches.
Et pourquoi cette inquiétude alors qu'on trouve aujourd'hui tout naturel que tant de femmes demeurent célibataires par mysticisme ou stériles par économie !

« Donner le vote aux femmes ce serait livrer la France aux réactionnaires. »

Dès sa fondation, la République trouva, dans le clergé et ses dépendances, une opposition véhémente, et qui, malgré les ordres de Léon XIII, n'a pas désarmé. L'Église a fait de la cause des anciens régimes, sa cause. Le curé de campagne s'est appuyé non sur le village, mais sur le château. Qui dit influence religieuse, dit influence anti-républicaine. D'autre part, la femme est beaucoup plus soumise à cette influence que l'homme. Un des désaccords les plus fréquents du mariage moderne est même celui-ci : la femme *cléricale*, le mari *libre-penseur*. À première vue, les républicains peuvent donc craindre que le vote des femmes leur soit préjudiciable.
Qu'ils se rassurent ! J'ai eu souvent à le dire et l'écrire, ce nouveau « péril noir » est une illusion.
Écoutez d'abord M. Ferdinand Buisson :

« Donner le suffrage aux femmes dans la commune ou dans l'État, c'est, dit-on, jeter dans la balance électorale un poids énorme qui se portera du côté de la réaction…

Qu'il y ait une part de vérité dans cette crainte, qu'elle eût été fondée il y a vingt ou trente ans, nous ne le nierons pas. Il reste encore des parties de la France où il ne serait pas impossible que le phénomène redouté se produisît encore comme survivance ou comme accident.

Mais d'abord on se trompe lourdement si l'on se représente la femme française d'aujourd'hui ou de demain comme reproduisant simplement le type qui fut longtemps traditionnel. Nous ne sommes plus au temps où cinquante pour cent des femmes ne savaient pas lire. Si faible qu'on suppose l'influence de l'école laïque, il faut pourtant convenir qu'elle a d'abord rendu très rare le cas si fréquent autrefois de la femme totalement ignorante, étrangère à la vie du pays, crédule à tous les bruits, incapable de tout jugement propre.

Et puis, par là même, l'école laïque a répandu bien des habitudes nouvelles : on s'est accoutumé à la formule : le curé à l'église, l'instituteur à l'école, le maire à la mairie. La distinction des pouvoirs s'est faite dans les esprits. Les femmes elles-mêmes aujourd'hui sont bien plus près qu'on ne le croit de l'état d'esprit qui fut celui des paysans, au 16 mai[39]*, à l'égard du gouvernement des curés, là même où l'on avait compté sur la dévotion des populations catholiques.*

Ne voyons-nous pas dans une autre partie du public, dans les familles plus aisées, l'extension et le grand succès moral des lycées de filles produire des résultats peut-être encore plus considérables ? On aurait donc tort de croire qu'il n'y a rien de changé en France dans la mentalité féminine.

D'ailleurs, il en serait du métier d'électrice comme de tous les autres : c'est en forgeant qu'on devient forgeron. Appelée à se prononcer, à avoir un avis sur tel programme politique ou municipal, à juger les personnes après les idées, à prendre la responsabilité d'une opinion et d'un choix, la femme fera le nécessaire pour se renseigner, s'instruire, se décider en connaissance de cause. Peut-on lui reprocher de n'avoir pas d'avis aujourd'hui ? C'est ce qu'on a voulu ! Il n'y a qu'un homme qui se préoccupe de ce qu'elle pense, qui s'efforce de la faire penser à sa manière, qui prenne la peine de l'instruire, de la guider, de l'inspirer : c'est le curé. Quoi d'étonnant qu'elle ait écouté la seule voix qu'elle ait entendue ?

Le jour où elle sera quelqu'un dans la cité, le jour où son suffrage comptera, on songera vite à elle. Et, comme le suffrage universel des hommes a fait sentir

la nécessité d'instruire l'électeur, celui des femmes fera entreprendre aussitôt l'éducation de l'électrice.
Il n'y a donc là ni obstacle ni péril qui doive faire renoncer à l'application des principes et à la rentrée des femmes dans le droit commun de l'humanité. Il n'y a que des mesures à prendre pour éviter les accidents d'un mouvement trop brusque[40]. »

… La femme est essentiellement *pratique*. Lorsqu'elle aura à choisir entre le candidat désigné par les prêtres et le candidat qui promettra des réformes l'intéressant, c'est pour ce dernier qu'elle votera. Dès aujourd'hui, dans les villages où il y a des conflits entre le curé et le maire, si celui-ci se manifeste utile, si de lui dépend le bien-être du pays, elle lui donne le pas sur le curé. Entre ses intérêts temporels *précis*, directement atteignables, et ses intérêts spirituels et futurs, la plus dévote n'hésite jamais.
Je crois que sous l'influence de leurs droits politiques, les pires *cléricales* s'en tiendront à être simplement *pieuses*. Une grande purification de sentiment religieux interviendra.
Ne jugez pas la citoyenne de demain d'après la femme d'aujourd'hui, car le sentiment de la responsabilité fortifie l'être le plus débile. Dans l'exercice de ses pouvoirs électoraux, elle ne se laissera ni dominer, ni duper – par personne ! D'ensemble elle est aujourd'hui instruite et consciente ; elle n'a plus

besoin, pour resplendir, que de *responsabilités* – dont la plus haute, la plus féconde, sera celle de contribuer à élire. Le bulletin de vote contient pour elle une brillante métamorphose.

Contrairement à ce que certains croient, c'est tant que la femme sera dédaignée par la loi, qu'elle restera asservie aux prêtres – qui s'occupent d'elle, eux, et qui d'une voix douce et patiente la fortifient contre les épreuves que son asservissement rend inévitables, qui lui parlent d'un paradis de justice où l'âme féminine vaut l'âme masculine, où tous ses sacrifices terrestres se trouveront compensés !

Mais qu'émancipée, elle n'ait plus à éternellement se sacrifier, qu'elle puisse, grâce au bulletin de vote, obtenir justice ici-bas, et elle ne dépendra plus du clergé. Admise aux affaires de la nation, elle s'appliquera moins aux affaires de la sacristie. Surtout en province, combien de femmes ne sont des « bigotes » que par désœuvrement et n'emploient à un religiosisme outré leur activité que parce qu'aucun autre courant ne s'offre à elles. Mêlez-les à la vie publique et ces femmes inutiles ou nuisibles et dont vous n'attendez qu'hostilité deviendront peu à peu d'excellentes citoyennes.

Notez que si nombre de cléricaux à vue courte se joignent à nous, en riant sous cape, pour réclamer le vote féminin, les plus intelligents de leur parti combattent avec force cette tendance, car ils prévoient qu'une fois la femme émancipée elle leur échappera.

... D'ailleurs, des difficultés politiques qui, *si elles se produisaient*, seraient légères et transitoires, peuvent-elles détourner les républicains d'un devoir social, de la réparation d'une injustice monstrueuse ?

« Son émancipation ne donnera pas à la femme une puissance plus considérable que celle qu'elle doit à sa coquetterie. Au contraire, car la galanterie masculine ne lui fera plus aucune faveur. »

Précisément, il est déplorable que son influence soit subordonnée à son charme, à sa ruse, ou à la pitié qu'elle inspire. Force masculine victorieuse ou vaincue, c'est toujours *l'ordre de la force*. Obtenir justice autrement que par la vertu de la justice, c'est banqueroute de la justice.

D'ailleurs, jugeant d'ensemble, on constate que la femme n'obtient par faveur que des insignifiances, et encore lorsqu'elle est belle et jeune. D'un aspect médiocre, ou bien âgée, elle a, d'ordinaire, peu à se louer de cette fameuse « galanterie »... Il y a longtemps qu'elle sait à quoi s'en tenir à cet égard !...

C'est dans les pays et aux époques où en paroles on la plaçait « à peine plus bas que les anges » qu'elle se trouvait en réalité traitée à peine mieux que les animaux domestiques !
Cette célèbre « galanterie », lorsqu'elle ne s'abstient pas, et même raffinée, est faite de mépris et de désir brutal. La femme préférerait du respect.
Prétendre qu'elle doit s'en remettre au bon plaisir masculin est un paradoxe que la plus ignorante réprouve.
Des droits, non des passe-droits !

« Le bulletin de vote causerait des querelles dans le ménage. »

Tout au contraire ! Aujourd'hui, il y a des querelles au sujet du vote parce que chaque couple est représenté par une seule voix. La question de savoir si cette voix unique sera bleue, violette, blanche ou rouge cause parfois, dit-on, des bouderies conjugales qui seront sans raison lorsque chacun des époux possédera sa voix et que les imminentes réformes assureront à tous le secret absolu du vote.

LA GALANTERIE MASCULINE NE LUI FERA PLUS AUCUNE FAVEUR.
HA !!
On fait moins sa maligne, d'un coup.

« Ne faisant pas de service militaire, la femme ne peut prétendre aux mêmes droits que les hommes. »

Non, elle ne fait pas la guerre, mais elle « fait les soldats ». Ses fonctions maternelles doivent, avec justice, être considérées, socialement, comme l'équivalent – au moins ! – du service militaire des hommes. D'ailleurs, en France, elle accepterait volontiers d'avoir à faire partie de services spéciaux, ambulancières, gardes-malades, etc. tels qu'il en existe dans d'autres pays. Si on le juge utile, elle peut être, et d'une façon régulière, organisée, la collaboratrice de l'homme sur le champ de bataille ; elle l'a été lorsqu'il l'a fallu, à l'improviste, et héroïquement.

« La femme est nerveuse, impulsive, déraisonnable. Elle apporterait dans les affaires publiques un "élément d'hystérie". »

C'est proclamer son infériorité. Nous avons déjà répondu. N'importe : cette objection n'est juste qu'en ce qui concerne les *déséquilibrées*, qui ne sont pas inférieures en nombre aux *déséquilibrés* ; et ceux-ci votent, même si leur infériorité intellectuelle va jusqu'au gâtisme, sénile ou précoce, et jusqu'à la folie[41].

La femme ordinaire agit parfois, dans la vie sentimentale surtout, suivant des raisons que l'homme ne sent pas, ou ne comprend pas, ou ne veut pas comprendre, mais qui n'en sont pas moins subtiles. Et personne ne nie que dans les questions d'intérêt, elle apporte – pour peu qu'elle ait quelque habitude de ces questions – les plus rares qualités d'ordre, de prévoyance, de finesse. Combien de grandes maisons de commerce sont admirablement dirigées par des femmes d'ailleurs non électrices ?

Hystérie ?... Pendant l'affaire Dreyfus, l'immense majorité des Français, comme en proie à une sorte de folie collective, pataugèrent honteusement dans des malentendus dont ils rougissent maintenant. Comment essayent-ils d'injurier les femmes avec le nom d'une maladie dont souffrent quelques-unes et dont eux semblaient alors tous atteints ?

« Le candidat stupide mais "beau garçon" aurait tous les votes féminins. »

Qu'il ne s'y fie pas !... Partout où la femme possède le droit de vote, à quelque degré que ce soit, elle en use avec un *extrême sens critique*, réfutant ainsi la « gaudriolesque » objection ci-dessus. Elle s'informe, étudie, réfléchit ; elle envisage uniquement ses intérêts, ceux de ses enfants et ne se laisse distraire par rien. Aux élections municipales anglaises, par exemple, les femmes ont même la réputation d'être bien plus que les hommes malaisées à étourdir avec de l'éloquence : il leur faut des raisons.

C'est méconnaître la femme instruite et consciente d'aujourd'hui que la croire encore serve de l'écœurant bellâtre. Même sexuellement, elle s'en est déjà libérée. Elle cherche dans l'homme des mérites intellectuels et moraux, qu'elle ne voyait pas ou dédaignait jadis.

Il est hardi de prétendre qu'elle ne lira pas les programmes électoraux et que les avantages physiques de tel candidat la décideront !

S'amouracher d'un homme pour l'avoir aperçu dans une réunion publique ou d'après sa photographie nécessite une sensibilité bien spéciale. De pareils coups de foudre seront forcément bien rares, surtout en France, où, contrairement à l'opinion internationale, la femme est beaucoup plus méfiante qu'ailleurs.

Il faudra pour conquérir son vote d'autres arguments que des langueurs de voix et des caresses de regards !

On dit qu'elle fut boulangiste. Et le Français ne le fut pas, peut-être ?... Notez que n'ayant pas plus droit au suffrage à cette époque qu'aujourd'hui, mal renseignée sur la politique, par conséquent, elle ne pouvait que partager l'enthousiasme masculin !
Encore une fois, il ne faut pas juger la citoyenne de demain d'après la femme asservie d'aujourd'hui.

« La candidate belle et sotte aurait tous les votes des hommes. »

Vraiment ?... Cela donne une piètre idée du suffrage masculin !... Quel aveu ! Cette objection, aussi ridicule que la précédente, relève également de la « gaudriole ».
Toutes deux sont fort employées par ces « rigolos » prompts à chanter le tabac, l'amour et le bon vin, et qui croient naïvement que les rapports sexuels sont les seuls possibles entre les hommes !
Les pays où le suffrage féminin existe ne nous fournissent en faveur de l'une ou de l'autre même pas un commencement de preuve.

« Attendons que d'autres pays se soient décidés, car cette expérience sociale est incertaine, quant aux résultats, et peut être une faillite. »

Cet argument, d'ailleurs fréquent, prouve que celui ou celle qui l'emploie est mal au courant de la question ; en effet, les femmes ont le bulletin de vote municipal : en Bohême, en Suède, en Russie, en Finlande, en Angleterre, en Écosse, en Norvège, en Danemark, en Islande et dans sept États de l'Amérique du Nord.

Elles sont électrices et éligibles, toujours au point de vue municipal : en Bohême, en Suède, en Angleterre, en Écosse, en Norvège, en Danemark, dans toute l'Australie, et dans divers États de l'Amérique du Nord.

Elles ont le suffrage parlementaire complet (électorat et éligibilité) en Bohême, en Finlande, en Norvège, en Australie et dans quatre États de l'Amérique du Nord.

Partout, le vote des femmes a donné les plus heureux résultats. Non seulement il ne s'est élevé aucune plainte contre lui, pas la moindre, mais on a reconnu que la valeur internationale des pays ainsi innovateurs avait augmenté. Jusqu'ici, les lois votées grâce aux femmes sont de haute préservation sociale.

Postface

C'est un livre qui paraît « sous une couverture rouge un peu effrayante », note Henri Duvernois dans l'édition du 15 septembre 1910 du bimensuel *Femina.* C'est un « ouvrage de propagande », annonce quant à lui, le 7 août de la même année, l'hebdomadaire *La Française*, le « journal de progrès féminin paraissant tous les dimanches ». Il s'appelle *Le Catéchisme féministe*, il est signé par un homme, Jean Joseph-Renaud, et, en cette année 1910, les termes « propagande » et « catéchisme » ont un tout autre sens que ceux que nous leur associons aujourd'hui.

Si cent quinze années se sont écoulées depuis sa publication, sa réédition sous le titre *Petit Bréviaire du parfait féministe* naît à la faveur d'un hasard. Pour les besoins de la traduction de *Mirage 1938*, un roman finlandais de Kjell Westö à paraître aux éditions Autrement, je cherche en ce mois de novembre 2013 des récits français de l'entre-deux-guerres où les auteurs ont recours à des anglicismes. Et découvre *Sur le ring*, un roman dit sportif, avec la boxe comme motif, datant de 1921, dont l'auteur est un certain Jean Joseph-Renaud. La bibliographie de ce dernier révèle un ensemble hétéroclite, presque biscornu. Entre autres, et pêle-mêle : *La Faillite du mariage et l'union future* (1899), la traduction d'*Intentions* d'Oscar Wilde (1905), *Le Clavecin hanté* (1920), *Traité d'escrime moderne* (1928) et, donc, *Le Catéchisme féministe* (1910). Minute, papillon, me dis-je. Mais qu'est-ce que ce bonhomme qui écrit tout à la fois sur l'escrime et le féminisme, la boxe et l'union libre, traduit des textes d'un auteur homosexuel et compose des récits fantastiques ?

Je ne suis cependant pas au bout de mes surprises en découvrant que le livre qui nous intéresse est en fait un manuel dialectique où sont repris les « arguments antiféministes » les plus nigauds de l'époque, suivis des réponses à apporter pour contrer notamment « un monsieur [...] ventripotent » pris en flagrant délit de misogynie langagière. Mais la question posée par le contempteur, « Alors qui donc raccommodera les chaussettes ?... Et décrassera les enfants ?... », fait singulièrement écho à la désormais fameuse et toujours aussi peu reluisante boutade attribuée à Laurent Fabius, au moment où Ségolène Royal annonçait son intention de se présenter à l'élection présidentielle : « Qui va garder les gosses ? » Entre 1910 et 2006, la phallocratie ordinaire serait-elle à ce point dépourvue d'imagination qu'elle use de la même rhétorique de comique troupier ?

Amusé et étonné par cette trouvaille qu'est *Le Catéchisme féministe*, je l'envoie aux Éditions Autrement qui me font savoir trois mois plus tard que le livre va être republié par leurs soins. Ça alors !

Jean Joseph-Renaud est né en 1873 et, s'il passe à la postérité, c'est non pas en premier lieu pour son œuvre littéraire aujourd'hui oubliée, mais pour ses multiples activités sportives. Son sport de prédilection est l'escrime. 1er Prix d'honneur au Concours entre les lycées de France en 1891, il défend également les couleurs nationales aux Jeux olympiques de Paris en 1900 et à ceux de Londres en 1908 où il finit quatrième dans la compétition masculine de sabre par équipe. Abondamment cité dans *Les Escrimeurs contemporains* (1898) qui vante « la vigueur et la virilité de ses vingt-trois ans », il a l'épée pour discipline d'excellence. Le jeune homme ne se contente cependant pas de combattre, il écrit également sur ce sport. Ainsi, en avril 1901, il publie dans l'hebdomadaire *L'Escrime française* un « article [qui] fera sensation dans le monde des armes », relate le quotidien *Gil Blas*, « une très intéressante étude

sur le jeu d'épée » intitulée… « Petit catéchisme épéiste. » Le mot est lancé !
C'est à lui que les éditions Larousse font appel en 1913 pour rédiger l'article sur l'épée dans l'ouvrage *L'Escrime*, également consacré au sabre et au fleuret. Entre autres photographies de passes et de prises de fer, on le voit en plein duel au Parc des Princes : vêtu d'un maillot blanc et d'un pantalon noir, il porte une moustache broussailleuse (dite en chevron ou Seconde République – que les décennies 1970 et 1980 remettront au goût du jour) et des lunettes. De fait, Jean Joseph-Renaud ne pratiquait pas uniquement l'épée en sportif, mais aussi en duelliste. Ces combats d'honneur font, pour reprendre une expression en vogue à l'époque, la une des gazettes : ainsi de l'édition du 25 février 1911, où *Le Matin* relate « un duel fort galant » et reproduit en médaillon une photo où Joseph-Renaud, fiché d'un chapeau mou, porte toujours lunettes et moustache épaisse, aux pointes cette fois retournées. N'empêche, il remporte la bataille et intervient désormais en tant que témoin lors des duels, et ce pendant tout l'entre-deux-guerres.
Il n'est pas seulement un « escrimeur di primo cartello et boxeur di primo casse-museau » (*Gil Blas*, 18 mars 1901), il est aussi « un jiu-jitsuan de valeur » (*Le Figaro*, 26 janvier 1912). Jean Joseph-Renaud

va ainsi participer à introduire et populariser en France ce que l'on nomme au tournant du siècle les sports de défense : canne, judo et surtout jiu-jitsu – aujourd'hui encore, son nom reste une référence chez les judokas français. Dans un long article publié le 30 juillet 1939 dans *Le Matin*, il explique son engouement pour ce sport venu du Japon : « L'autre soir, j'ai vu une frêle et timide jeune fille faire assaut avec un de ses cousins, robuste gaillard, expert en lutte romaine et auprès de qui elle semblait une enfant. Il ne croyait pas au jiu-jitsu et il s'attendait à maîtriser aussitôt sa petite parente ! Or, en quatorze secondes, il fut descendu la tête la première et contraint par le plus simple arm-lock à demander grâce. » Entre les lignes, ce récit révèle le tempérament de Jean Joseph-Renaud : son goût pour la pugnacité, son affinité pour les plus faibles, son sens de l'égalité et de la justice, son éclectisme et sa tendance à toujours être là où on ne l'attend pas. Aussi a-t-il dû dans un premier temps sourire, lui le journaliste, à la lecture du quotidien *La Presse* du 20 avril 1909 qui offre le compte rendu du championnat d'escrime s'étant déroulé la veille à Nice et qu'il a remporté ex æquo. Mais ce sourire a dû très vite fondre et se transformer en rage en découvrant, trois colonnes plus loin « une dernière nouvelle » en provenance de Londres, chronique de l'antiféminisme rance : « Les suffragettes qui, comme on le sait, donnent bi-hebdomadairement et sans succès, l'assaut du Parlement britannique, [...] ont décidé de commencer l'étude du jiu-jitsu. Quelle affiche mirobolante :"Ce soir à quatre heures, à Westminster, Miss Pankhurst, dite Casse-Joint, 50 kg, contre Sergeant O'Churchill, Police Heavy Weight, champion 90 kg, jusqu'au finish." » Il est ici question d'Emmeline Pankhurst, femme politique féministe anglaise et fondatrice en 1903 du Women's Social and Political Union, qui milite notamment pour l'octroi aux femmes du droit de vote.

Pourquoi ce long développement sur les activités sportives de Jean Joseph-Renaud alors que nous sommes censés montrer son engagement pour la cause féministe ? Parce que, au-delà du paradoxe apparent que cela ne manque pas de susciter jusqu'en 2015, ils vont chez lui de pair et sont intimement liés, dans un contexte socio-politique où les femmes sont désormais résolues à faire entendre leur voix et luttent en ce sens.

L'écriture est le chaînon manquant qui non seulement relie ces deux passions mais explique leur parenté. En plus de collaborer à certains journaux à la fin des années 1890, Jean Joseph-Renaud donne des conférences. Sur quoi portent-elles ? Sur le statut des femmes, invariablement. Citons-en trois : en 1898, « La faillite du mariage », en 1899, « La femme dans Marcel Prévost » puis, en 1901, « L'éducation physique de la femme » (« suivie d'un assaut de fleuret entre M. et Mme Gabriel, professeurs d'escrime, annonce *Le Figaro* du 3 octobre). Le voici donc, le pont entre sport et féminisme.

En 1898, Jean Joseph-Renaud publie en effet son brûlot anti-mariage éponyme, *La Faillite du mariage*, qu'il rehausse du pamphlet *L'Union future*. Lui qui ne s'est jamais marié et n'aura pas d'enfants (autre étrangeté du personnage pour l'époque) a cette institution en horreur. Mais, sur un mode très anarchiste, il récuse tout autant l'union libre et plaide plutôt pour « l'union libérée », affranchie de toutes les normes et entraves imposées par le Code civil. Et de ponctuer sa diatribe par cette phrase aussi éloquente et enflammée qu'étonnante et équivoque : « J'ai eu la nostalgie de l'amour futur, de l'amour sans contraintes, intense lumineux ! » Dans ces deux ouvrages réunis en un seul, il développe l'une des thèses qui lui tient à cœur au point de lui consacrer de longues pages dans *Le Catéchisme féministe*, presque dix ans plus tard : le mariage doit être soit réformé soit purement et simplement supprimé car il est avant tout inégalitaire, pire, un instrument de marchandage et de servitude pour la femme. En 1906, il participe à la création du Comité de réforme du mariage. Outre l'écrivaine féministe Séverine, on compte les frères Margueritte, J.-H. Rosny aîné, Maurice Leblanc, Pierre Louÿs, Maurice Maeterlinck, Jules Renard, Octave Mirbeau. Nous voici en bonne compagnie. Pas au goût de certains puisque ces prises de position féministes réveillent tout autant les publications réactionnaires. Égrenant les mots « immoralité », « décadence » et « défaillances » comme d'autres les perles de leur chapelet, le juriste et sociologue Paul Bureau s'en prend notamment aux libertaires dans un ouvrage qui fera long feu, *La Crise morale des temps nouveaux*, publié en 1907 : « M. Joseph-Renaud a écrit au nom de ses amis : "Nous revendiquons, avec simplicité, le droit officiel à l'avortement", lequel serait moins éloigné qu'on n'affecte de le croire du droit officiel à l'infanticide. » À l'instar des phallocrates ordinaires dont il était mention plus haut, on constate que les antimodernes usent de propos chichement indémodables, tant les éructations de 1974 ou de 2013 sont identiques aux imprécations de 1907.

En août 1910, Jean Joseph-Renaud fait paraître *Le Catéchisme féministe* qu'il affirme avoir « écrit et publié à [s]es frais, dans un but absolu de propagande ». Le « petit ouvrage » dédié à la féministe Marguerite Durand est vendu 2,50 francs en librairie mais « est cédé sans bénéfices aux groupements féministes et sociaux au prix de 1 franc pour une commande au minimum de dix exemplaires ». Celui que le quotidien *Gil Blas* qualifie, le 28 novembre 1899, de « si original écrivain et conférencier "féministe" », rassemble dans sa bibliographie, à l'aide d'une accolade, ses « œuvres féministes » : *Le cinématographe du mariage, La Faillite du mariage et l'union future, Notre-Dame de Cythère.* Joseph-Renaud envoie son *Catéchisme féministe* aux journaux, y compris à l'hebdomadaire féministe *La Française* qui le « recommand[e] vivement » et reproduit la lettre jointe. Se disant « frappé de l'ignorance où se trouve le public des principes basant le féminisme », l'auteur ajoute : « Il m'a paru utile de répondre aux principales objections sempiternelles que l'on ne cesse de nous poser. Je crois que des non-initiés trouveront leur conversion en cet ouvrage, et aussi qu'il pourra servir utilement à nos jeunes conférenciers et conférencières. »

L'accueil est chaleureux, mais pour quelles raisons ? Parce que l'argumentation est imparable ? Ou bien parce que Jean Joseph-Renaud est un confrère respecté ? Dans son numéro 10 de 1910, le mensuel *Touche à tout*, explique que le livre, « surtout écrit pour convaincre les hommes », n'en reste pas moins « une excellente méthode pour faire bien comprendre une doctrine qui soulève encore beaucoup d'hostilité dans un certain public ». Paul Reboux, pour le quotidien *Le Journal* (12 août 1910) se déclare tout aussi incapable de « contester » des argu-

ments qu'il juge « probants », développés « avec une puissance convaincante ». Henri Devernois, quant à lui, salue dans *Femina* : « le résumé le plus adroit, le plus complet du problème tel qu'il se pose à l'heure actuelle » [sic]. « La féminité, ce douloureux problème », croit-on entendre a posteriori comme un écho à une autre lutte. De fait, les éloges réclament un bémol : « Je dois dire que, pour un esprit non prévenu, ces réponses sont saisissantes. »
Et qu'en disent les premières concernées, à savoir les femmes ? Dans son numéro d'août 1910, le mensuel *L'Action féminine* informe : « Nous nous bornons à le signaler ici en nous réservant d'en faire un exposé dans notre prochain numéro. » Las, la mention sera sans suite. *La Française*, en revanche, tient ses promesses et revient sur l'ouvrage dans son édition du 13 novembre 1910. Alice Berthet le trouve « très complet, très sensé, très modéré, sans fausse note ». Ouf. Mutine, elle rétorque aux âmes chagrines qui reprochent au *Catéchisme féministe* de ne prêcher que les convertis : « [...] on ne prêche jamais que des convertis, ou ceux qui ont envie de se convertir, et cela est pourtant loin d'être inutile. » Quoi qu'il en soit, l'Union fraternelle des femmes en fera la « lecture des principaux chapitres par Mme Amélie Hammer » dans les locaux mêmes de l'hebdomadaire féministe, quinze jours plus tard.

Que penser du titre ? Que faut-il entendre derrière ce substantif très catholique de « catéchisme » ? Le terme se débarrasse de son sens exclusivement religieux surtout à partir de la Révolution française pour désigner des ouvrages qui présentent de manière simplifiée, sous forme de questions-réponses, le contenu d'une doctrine. D'où le sous-titre de cet ouvrage : « Résumé de la doctrine sous forme de réponses aux objections. »
On l'a vu, Joseph-Renaud a déjà utilisé le terme pour qualifier un article écrit de sa plume et consacré à l'escrime. Mais la formule quasi syntagmatique « catéchisme féministe » est-elle une invention de l'auteur ? Non, il s'agit en fait d'une terminologie relativement usuelle à l'époque. Dans ses colonnes du 5 octobre 1898, le quotidien *L'Aurore* annonce la réunion « à huit heures et demie précises » du Groupe de la Solidarité des femmes. Au programme, notamment, la « lecture du catéchisme féministe ». Dix ans plus tard, en janvier 1908, la presse française se fait l'écho d'une « vive agitation » à Zurich : les femmes prennent d'assaut l'hôtel de ville pour réclamer le droit de vote (qu'elles n'obtiendront pleinement qu'en 1970) et « distribue[nt] à profusion une sorte de catéchisme féministe. » Le journaliste qu'était Jean Joseph-Renaud n'a sûrement pas pu ne pas lire cette manifestation qui a lieu le même jour que celle des suffragettes londoniennes, emmenées par Emmeline Pankhurst.

Le catéchisme féministe n'existe pas seulement en tant que tract ou brochure politiques, mais aussi en tant qu'ouvrage à proprement parler. Outre celui de Joseph-Renaud, on en compte deux autres. Ainsi, en 1894, paraît *Le grand catéchisme de la femme*, signé Louis Frank, un avocat belge et en outre vice-président de la Fédération Féministe Universelle. Dans une longue introduction, l'auteur expose l'évolution moderne du féminisme et de la lutte des femmes pour « réclamer l'abrogation des lois iniques qui infériorisent leur sexe » ; puis, dans une seconde partie, il entame un dialogue entre deux interlocuteurs simplement nommés D et R pour demande et réponse. Cette déconstruction rhétorique est davantage un enseignement puisqu'il est organisé en vingt-deux « leçons ». De même, en 1905, paraît en Allemagne le *Katechismus der Frauenbewegung* (*Catéchisme du mouvement féministe*). Avec un ton plus factuel, plus simple et plus vulgarisateur, Karl Wollf répond à 372 questions que le public se pose sur « la question féminine » : éducation, mariage, travail, salaire sont autant de thèmes également abordés. Enfin, on ne saurait oublier pour l'angliciste qu'était Jean Joseph-Renaud la traduction en anglais du vibrant opuscule de la féministe française Léonie Rouzade (1839-1916), *La Femme et le peuple*, paru également en 1905 (mais écrit en 1896) et publié à Londres en 1911 sous le titre *The*

Feminist Catechism. Chez la fondatrice de l'Union des femmes, le ton est radicalement différent : grave, humaniste, résolument socialiste et anticlérical – le dialogue entre la femme et le peuple se termine par la phrase : « Les Dieux, c'est nous ! »

Le *Catéchisme féministe* de Jean Joseph-Renaud reparaît donc 115 ans après sa publication sous le titre *Petit Bréviaire du parfait féministe*. L'auteur, décédé en 1953, se réjouirait sans doute des progrès indéniables effectués au cours du siècle en faveur de l'égalité des femmes. Il s'étonnerait sans doute que la mixité scolaire qu'il appelle de ses vœux n'ait été effective en France qu'en 1976. Il s'indignerait de constater que la parité, qu'elle soit au niveau politique, professionnel ou salarial, reste encore à construire, lui qui demandait : « De quel droit cette disqualification d'un sexe ? » Il enragerait, lui qui était convaincu qu'avec la participation pleine et entière des femmes « un nouveau monde psychique naîtra », de voir que le machisme demeure toujours aussi larvé et vivace.

Jean-Baptiste Coursaud,
traducteur et découvreur de ce texte,
Berlin, novembre 2014.

Notes

1. Code : « Le mari doit *protection* à sa femme, la femme *obéissance* à son mari [...] Le mari est obligé de la recevoir *et de lui fournir tout ce qui est nécessaire pour les besoins de la vie.* » (Art. 213 et 214).

2. Compte-rendu du 2e Congrès international des œuvres et institutions féminines.

3. Jacques Novicow, *L'Affranchissement de la femme*, 1903.

4. Voir pages 11, 12, 13, 14 [c'est-à-dire pp. 10-11 du présent texte, N.d.E.].

5. Il était écrit « élevage » dans l'édition de 1910. N.d.E.

6. Lucien Le Foyer.

7. Idem.

8. Par exemple dans l'industrie du vêtement.

9. « Pendant dix ans on les astreint à un travail machinal ; on néglige de les instruire et on les nourrit mal. Aucune éducation professionnelle n'est donnée. Ces jeunes filles en sortent inaptes à faire quoi que ce soit. Pendant des années, on les a spécialisées ; elles ont fait les unes des surjets, les autres des ourlets ou des boutonnières, et aucune d'elles n'est capable de couper ou de confectionner un article de lingerie. Combien d'entre ces malheureuses, retrouvées à Saint-Lazare, se déclarent dans l'impossibilité de faire la chemise la plus simple ? » — Mme Avril de Sainte-Croix ; rapport au Congrès féministe de 1900.

10. L'auteur fait référence à l'institution du Bon Pasteur de Nancy. Cet établissement tenu par des sœurs ferma ses portes en

1903 après plusieurs années de scandale. L'exploitation des jeunes filles dans les ateliers du Bon Pasteur étaient en cause. N.d.E.

11. Séverine (1855-1924) est une écrivain, journaliste et féministe française. Elle s'est notamment engagée pour le droit de vote des femmes. N.d.E.

12. Les délicieuses soirées du journal *La Fronde* marquèrent à cet égard le début d'un temps nouveau : beaucoup des invités de la première, en 1857, furent surpris, je me rappelle, d'y trouver non la tenue « poussiéreuse ou amazone », mais des toilettes ravissantes.

13. *Humanisme intégral*, par Léopold Lacour.

14. Jules Bois, *L'Ève nouvelle*, 1896.

15. Ce Comité, dû à l'initiative de M. René de Chavagnes, est formé de : M. Henri Coulon, président ; Mme Avril de Sainte-Croix, vice-présidente ; MM. Victor Marguerite, J. Joseph-Renaud, Lucien Le Foyer, membres du bureau ; M. René de Chavagnes, secrétaire-général ; MM. Paul Adam, Henri Bataille, Jules Bois, Armand Charpentier, Lucien Descaves, Jean Finot, Léopold Lacour, le président Sébastien-Charles Leconte, Pierre Louys, Maurice Maeterlinck, Paul Margueritte, Octave Mirbeau, Charles Morice, Raymond Poincaré, Marcel Prévost, le président Magnaud, le président Séré de Rivières, C. M. Savarit, le docteur Toulouse, Octave Uzanne ; Mmes Oddo-Deflou, Hera Mirtel, J. Schmahl et Séverine, membres actifs.

16. Si elle dispose de beaucoup d'influences et d'argent, elle peut, à vrai dire, obtenir sa « réintégration » ; c'est là une ressource pratiquement impossible à l'immense majorité des femmes.

17. En 1898, sur 82 346 contrats de mariage, 68 412 stipulaient l'adoption de la communauté.

18. M. Charmont, professeur à la Faculté de Droit de Montpellier.

19. Marguerite Durand (1864-1936) est une journaliste et féministe française, fondatrice du journal *La Fronde*. N.d.E.

20. « Enquête sur la Faillite du Mariage », parue dans *L'Écho de Paris*, puis en volume chez Flammarion.

21. Lire à ce sujet *L'Humanisme intégral*, le beau livre de Léopold Lacour.

22. Voir pages 33 et 34 [c'est-à-dire pp. 16-17 du présent texte, N.d.E.].

23. Charles Krug, *Le Féminisme et le Droit civil français*, thèse.

24. Lucien Leduc.

25. Mme Hyacinthe Bellilon.

26. *Code Pénal.* Art. 337.

27. *Code Pénal.* Art. 324.

28. P. et V. Margueritte : *Autour du mariage.*

29. Elle va être votée, sous une forme d'ailleurs timide, à l'instant où je publie ces lignes.

30. Voir *Faillite du mariage*, page 32.

31. Lucien Le Foyer.

32. Une éducation meilleure, celle qu'on lui donne depuis vingt ans, remédie à ces sottises.

33. Jules Bois, *L'Ève nouvelle.*

34. Jacques Novicow, *L'Affranchissement de la femme*, 1903.

35. Alex. Dumas fils, *Les Femmes qui tuent et les Femmes qui votent.* Opuscule publié en 1880.

36. Séverine.

37. Dr Toulouse.

38. Rév. Percy Dearmer.

39. Crise institutionnelle de la IIIe République française. Elle opposa le président de la République, le maréchal Mac-Mahon, monarchiste, à la Chambre des députés élue en 1876, à la majorité républicaine et à l'une de ses grandes figures, Léon Gambetta.

40. Ferdinand Buisson. Rapport favorable fait au nom de la Commission du suffrage universel chargée d'examiner la proposition de loi déposée par M. Dussaussoy et tendant à accorder le Droit de vote aux Femmes. Cette Commission a pris la mesure transitoire

de demander, pour les femmes, à la Chambre, le vote municipal d'abord. On pourrait aussi aborder, dès à présent, la seconde partie du projet avec certaines restrictions censitaires. Auraient seules le vote aux élections législatives, les femmes munies de certains diplômes universitaires, occupant telle ou telle situation dans le commerce ou encore se trouvant « chefs de famille ». M. Marcel Prévost dit à ce sujet : « Il est absurde d'armer du bulletin de vote un garçon de vingt et un ans, célibataire, qui ne pense qu'à s'amuser et à conter fleurette aux filles – et de repousser du scrutin une veuve de trente-cinq ans, mère de plusieurs enfants qu'elle nourrit et qu'elle instruit. La veuve de trente-cinq ans, mère de famille, est certainement la mieux informée des réalités pratiques et la plus intéressée au bon ordre des choses. Elle a donc, en somme, bien plus de droits au vote que le gamin hurluberlu de vingt et un ans… On devrait réclamer d'abord une sorte de suffrage censitaire, avec « l'adjonction des capacités ». Une campagne en faveur du suffrage des femmes chefs de famille (le père étant mort, disparu ou indigne) aurait, j'en suis sûr, de grandes chances d'aboutir. Ensuite, le collège électoral féminin irait peu à peu s'élargissant, à mesure que s'accompliraient l'éducation politique et l'évolution sociale du sexe faible. Au bout de vingt ans – peut-être moins –, l'égalité complète serait acquise. »

41. Tant qu'un jugement n'est pas intervenu pour l'interdire, l'arriéré et l'aliéné ont droit au vote.

Biographie de l'auteur

À la fois escrimeur, écrivain et libre-penseur, Jean Joseph-Renaud (1873-1953) semble tout droit sorti du *Cyrano* d'Edmond Rostand, dont il est le contemporain. Issu de la bourgeoisie parisienne cultivée, ses talents d'épéiste lui valent de représenter la France lors des Jeux olympiques de 1900 et 1908. Il se distingue par ailleurs à l'occasion de nombreux duels, mais aussi par sa pratique de différents arts martiaux, qu'il s'attache à promouvoir par la rédaction de traités. Ses activités de journaliste l'amènent à s'engager aux côtés de Zola lors de l'affaire Dreyfus, à chroniquer des duels, ou encore à participer à une revue de cinéma. Auteur prolifique, il signe un nombre important de romans, de pièces de théâtres et d'essais (qui témoignent de son attachement à la cause féministe), quelques scénarios de cinéma, et va même jusqu'à réaliser un film. Enfin, il traduit et préface les *Intentions* d'Oscar Wilde (1905), dont il est l'ami.

Table des matières

Avant-propos 9

Petit bréviaire du parfait féministe 11

Postface 119

Notes 133

Biographie de l'auteur 137

Achevé d'imprimer en janvier 2015 chez Grafica Veneta.
pour le compte des Éditions Autrement, 17, rue de l'Université, 75007 Paris.
Tél. : 01 44 73 80 00.
ISBN : 978-2-7467-4022-8. N° d'édition : L.69EHAN001025.N001
Dépôt légal : février 2015
Imprimé en Italie.